如果不在了，你想留下什麼？

關於愛與信念，以及給至愛之人最無價的生命禮物

臨床心理師
林維君——著

推薦序

「有道人生」，讓彼此關係不留遺憾

近年「出生率」低於「死亡率」的現象，標記著臺灣社會已進入超高齡的人口結構。人口老化衍生的議題很多，其中依著生命週期之衰老、疾病、臨終、死亡狀況而有的種種醫療照護難題，幾乎緊緊鑲嵌在現代家庭生活之內，影響家庭互動及家人關係，進而改變個人的心理狀態與生活品質。

衰老、疾病、臨終與死亡，是大多數人會經歷的生命階段，它讓我們「不得不」依賴他人，「不得不」倚靠關係，「不得不」回歸家庭。當我們有機會處在這個生命階段時，過往在家庭關係中的甜蜜、痛苦、滿足及缺憾的經驗，都一一再現，「四道」——道愛、道謝、道歉與道別，則成為我們及重要關係人的最後一堂生命旅程。

林維君心理師所著《如果不在了，你想留下什麼？》一書，便以二十四則感人至深的真實故事，闡述四道人生的功課。

我在此鄭重地向大家推薦《如果不在了，你想留下什麼？》這本書，相信您能由書中的每則生命故事、作者反思實踐與心的習作，來學習「善終」。沒有人不希望自己和家人可以「善終」，但該怎麼做呢？事實上，我們必須認知到「每個人的生命都是朝向死亡前進」的事實，在生活中經常保持「死亡隨伺在側」的省察，並在遇上人情事理糾葛的處境時，採取良善和智慧來待人處世。而這也是作者林維君心理師，透過此書如實傳遞給讀者的核心價值。

我因一起籌設規畫「臺灣安寧照顧協會」之安寧心理師繼續教育訓練課程，得以結識維君心理師將近二十年，非常同感於書中病人說她「霸氣外露」，卻有著古道熱腸的性格。擔任臨床心理師多年，她除了有心理師的思考周延、感受敏銳、有決斷力外，對於生活事物總抱持著好奇心學習，且樂於分享。不論是透過書裡所描述的故事，或實際接觸交流，我都真切地感受到維君對人的溫暖熱誠、深刻關懷，並採取適切行動增進對方福祉。

心理師不是所有困難都能面對處理的。生命裡的缺憾常常讓我們無言無語，面對家屬的嚎啕憤怒，所謂的四道卻往往只能存在於理想，沒有一樣是容易做到的。維君的書中，描述病人與家屬的連結或失聯，不是每一個關係都有善終、善了或善解，最終這些臨床的困頓都變成心理師反思的生命功課，並反饋在書中，鼓勵讀者要在自己的生活中，對自己和他人做些調整或改變。

書中的每一則故事，都是維君由陪伴臨終病人或家屬的生命苦痛，所翻轉出的生命智慧。坦白說，如何將每一天都當成最後一天在活，此項生命功課對每個人都是無比困難的。我在書中看見維君將累積二十多年的臨終照護經驗，融會貫通於離別苦難中，鍛鍊自己的人格更趨成熟，並將生死智慧進一步落實在生活，這正是本書與眾不同之處。而書中「心之整理習作」的部分，既實用又可貴，是鼓勵讀者即知即行的小工具箱，以「提問」方式邀請讀者面對自己或家人臨終時的練習題。

想起自己在三十年前因緣際會投入臨終關懷與生死教育，其實，關於「生死」的教育，早在民國九十年就有「生死教育與輔導」研究所的成立，是現在國立臺北護理健康大學「生死與健康心理諮商系」的前身，只是大眾重視「談生」，畏懼「論死」，總不敢直視「衰老、疾病、臨終、死亡」議題。雖然是正常的心理，但三十年後臺灣社會跨入超高齡社會門檻，逼著我們「不得不」好好提起「善終」這個議題來審視。我很榮幸為維君的新書寫序，透過心理師的引導，帶領大家溫和、細膩地接近臨終與死亡，以道愛、道謝、道歉、道別貫穿全書，不要等到離別時刻才「四道」，能把握適當時機練習與重要他人「謝別」，以說的、寫的、畫的、唱的等方式，表達出心中的感受與想法，是減少遺憾的祕訣。認真觀照死亡的實存與無常的來臨，唯有如此，我們才懂得把握當下。

親愛的朋友，活出「有道」的人生，才是有品質的人生。

李佩怡／國立臺北護理健康大學
生死與健康心理諮商系教授兼系主任

在生命的邊界，看見愛與光

人生的軌跡從來就不是直線，而是一路充滿轉折、起伏跌宕的旅程，其中最讓人措手不及的，莫過於身體健康的驟變——癌症，無疑是這趟旅程中最劇烈的衝擊之一。現代醫療科技雖然讓癌症逐漸成為可治癒的疾病，五年存活率也已超過六成，許多人因此重獲新生，但對於仍需面對生命威脅的四成病人和家屬來說，罹癌不只是一場健康的戰役，更是對生命意義的深刻拷問。尤其，國內每年因癌症離世者占死亡人數近三成，罹癌依然遭死亡的標籤緊緊黏附，不時在病人的家庭裡掀起驚濤駭浪。癌症不再只是流行病學上的數字、醫療科技上的挑戰，也成為許多人現實生活中的苦痛，該如何走過這條路？又該如何在受苦的生活裡，讓生命安適？

二十世紀後半，安寧療護應運而生，是近代對於生命臨終末期最受推崇的照顧模式，為那些好似正在生命邊界拔河的病人和家屬，提供適切、實際的助益。國內安寧療護之母趙可式教授提出的「四全照顧」（全人、全家、全程、全隊）與「四道人生」（道謝、道歉、道愛、道別），讓病人和家屬能保有基本的生活品質，也能在有限的時間裡，安頓彼此的情感、有尊嚴地面對生離死別，為「生死兩相安」而盡力。真正的安寧療護，關注醫療照護措施提供的舒適性，也對身、心、社、靈有全面的關懷，讓臨床心理師、社工師、靈性關懷師等，不同專業領域人員同在其中，而各有用武之處。

林維君臨床心理師是臺灣少數深耕癌症與臨終病人心理照顧的心理專業工作者，二十年多年來，維君累積豐富的臨床經驗，且不斷學習、精進自己，成為這領域的先鋒、佼佼者，也帶領著許多想要投入這個領域的新生代心理師持續拓荒前行。這本書可說是她這些年來的心血結晶，也為那些把故事交託給她的病人，留下生命的記錄。書中的每一則故事都深深觸動人心，更帶來深刻的思考——我們該如何活著，才能安心地離開？我們該如何說再見，才能讓愛不留遺憾？

醫療的溫度：從第三人稱到第二點五人稱

醫療是集合各類專業的場域，也是一個充滿人性的場域。在病人的世界裡，他們是「第一人稱」，家屬是「第二人稱」，而不少醫療人員常常扮演著缺乏人味的「第三人稱」。日本作家柳田邦男曾提出，醫療人員應離開第三人稱的旁觀者位置，向病人移近幾步，來到「第二點五人稱」的視角，以視病猶親的胸懷，讓自己能貼近、理解病人，能同感共情、受病人觸動，順著這份貼近，給予的照顧自然就有溫度。

維君筆下，無處不是這種精神的體現。她是病人的心理師，也是病人生命故事的見證者。我在她所記錄下來的這些故事中深深有感，時間與伴行，是醫療人員能送給病人與家屬最珍貴的禮物。她花上許多時間傾聽與陪伴，讓病人和家屬在生命最後一程，有機會向彼此坦露愛與理解。

維君在本書中展現了專業心理師的理性分析，更不乏情感的自然流露。她會在某個時刻忍不住鼻酸、會為病人的情深意切深深動容。她讓我們看到，即使是專業的醫療人員，也同樣是會哭會笑、有悲有喜的「人」。這份人味，才是醫療現場最真切、最溫暖的光。

如果你曾經逃避談論死亡，這本書會告訴你，死亡並不可怕。真正可怕的，是至親摯愛之間來不及說出口的話、來不及表達的愛、來不及好好說的再見；如果你是照顧者，這本書會給你指引，讓你知道該如何陪伴，如何讓彼此撐住彼此，好在這條路上走得更得力；如果你是醫療人員，這本書會提醒你，專業之外，「人」的溫度有多暖心，「傾聽」與「陪伴」的力量有多強大。

這是一本充滿真、善、美與智慧的書，值得每一位關心如何善生、善終、善別的人細細品讀。

曹朝榮／柳營奇美醫院創院院長

將面對死亡的無助，轉化為接納

起初收到林維君臨床心理師的新書《如果不在了，你想留下什麼？》的書稿時，只打算簡單瀏覽一下，但一開始讀，就無法放下，忍不住一篇接著一篇、一個故事接著一個故事地讀完了。閱讀的過程中，心中的感受是很多層次的。有時因案例描述的內容而擾動情緒；有時因療癒的故事而感到欣慰；有時因維君巧妙的介入而感到歡喜；也有時跟著書中的論述而跳轉到理性的思維。這種經驗，就如同心理治療的過程，一方面需要同理和聆聽，另一方面又要進行理性的分析，才能給予個案有助益的陪伴和引導。

維君在安寧照護這一充滿挑戰的助人領域深耕多年，她從臨床心理師的專業視角出發，以溫暖而誠摯的筆觸，細膩描繪在人生告別時，人際間的情感流動和愛的表達，讓讀者難以不被觸動，也同時因解開心結而感到溫暖。

書中充分展現了她多年的經驗和智慧，以及深厚的心理學背景，如何將面對死亡時的無助和無解，轉化為可接納、甚至促進療癒與成長的過程。這不僅是所有讀者可以思考並轉化的歷程，亦是安寧照護或心理專業人士的重要學習資源。例如，維君透過將死亡比喻為歇業的工廠，幫助退休的工廠老闆了解及接納身體在這當中的變化，或用皮亞傑的基模理論來協助家人理解幼童對死亡的觀念，這些都有效地減少了個案及家人在談論死亡時的焦慮。她在文中對於助人工作者本身就是治療工具的描述，以及同時存在普世皆然的慈悲心，更顯現了作為專業助人者，在安寧療護領域中，必須具備的包容和彈性。此外，每篇文末的「心之整理習作」更是本書的亮點，這些習作引導讀者在閱讀中進行反思，幫助讀者了解自己及與家人的關係，學習如何表達愛與感謝。

《如果不在了，你想留下什麼？》一書，不僅探討了死亡和臨終關懷，更是一部關於愛、成長和生命意義的著作。讀者能從中感受到生命的脆弱、由此而生的美好以及情感的延續。正如書中案例所體悟的：「無論是生病、治病還是死亡，好像都不只是個人的事。」誠摯推薦本書給面對生死議題的醫療專業人士、助人工作者、相關領域的學生，以及珍視情感，並渴望在生命旅程中尋找更多意義的每位讀者，這本書值得您細細品味。

楊建銘／國立政治大學心理學系特聘教授

各界推薦

二〇一七年十二月，父親過世了。

我趕到醫院的時候，爸爸已沒有了生命跡象。他躺在單人房的病床上，一動也不動，看起來就像是睡著了。我走近床邊，握著爸爸的手，臉靠著他的耳朵，小小聲對他說：「爸爸，謝謝你。謝謝你照顧我長大。謝謝你教我做人做事的道理。謝謝你每天在我要上學的時候幫我擦皮鞋、整理單車。謝謝你跟我兒子有見到面，還拍了合照。爸，謝謝你，我愛你，我們之後再見。」

八年了，我還是很慶幸當時的自己，有鼓起勇氣說這些話。看了維君的新書後，我更堅定了。這些話每個人應該都要說，而且越早說，越好。

我是朱為民，我推薦此書。

朱為民／臺中榮民總醫院家庭醫學科主任

別離是我一直無法直視的課題，雖然預想過無數種情節，早已備妥瀟灑來去的心態，仍憂心於猝不及防的變數發生，屆時沒能好好地向珍愛的一切道聲感謝。遺憾真有那麼可怕？我在維君的文字裡找到可以依偎的力量，明白「愛」是所有生命的運行軌道，入口跟出口其實在同個地方，圓滿二字說難不難，遼闊的胸懷和坦率的情感，是她走過一間又一間的病房所理出的通透思路。

威廉／作家

學習面對生離死別，是每一個人窮其一生的人生功課。尤其，是自己在面對人生畢業的準備上，不論願不願意、想不想要，這門功課，是必修而非選修；而且，只在人生畢業典禮來到的那一天，才能揭曉自己是高分滿意PASS，還是低分勉強及格，或者被死當。而這個結果，會影響的不是人生還能不能繼續；而是所愛的家人與親友，在未來日子裡思念的心痛程度、悲傷的歷程能否受到安慰。

四季流轉、世代交替。維君心理師以專業陪伴每個個案與家庭，提醒我們：死亡是有任務的，除了善終，也幫助活著的人活得更好；並學習更好地面對自己未來將至的死亡，在一切都還來得及的時候。

張嘉芳／安寧照顧基金會執行長

在腫瘤科的臨床工作中，我常見病人與家屬在生命的最後階段，掙扎於不捨與遺憾之間。許多話語，無論是愛、歉意，還是感謝，總是在來不及說出口時，化為無盡的思念。《如果不在了，你想留下什麼？》是一本充滿溫度的書，透過真實的故事，引導我們如何在面對生死時，勇敢表達內心，讓愛與祝福得以傳遞。它不僅適合病人與家屬，更適合每一位醫護人員，幫助我們在專業之外，也能以更溫柔的方式陪伴病人走過人生最後一程。我深深推薦這本書，相信它將為許多人帶來安慰與力量。

黃文聰／柳營奇美醫院教學副院長

在人生盡頭，期待遇見妳。在冰冷的醫院遇見如此有溫度的臨床心理師，因為她的專業，她願意停下腳步聽與陪，願意耐心等待人心的柔軟，願意用自己的赤誠善待每個偶遇的靈魂，而將這條道路變成極其幸運且安心的單行道。而她展現的專業協助，是建立在人與人赤裸無偽的肝膽相照，以生命陪伴生命，讓相遇成為最幸福的生死相會。

蔡佩真／國立暨南國際大學教授

這不是一本關於離別的書，而是一堂關於「如何活得更有愛、更無憾」的生命課程。當我們學會說再見，才真正懂得珍惜擁有的每一刻。

《如果不在了，你想留下什麼？》是一本溫暖而深刻的作品，維君透過多年陪伴臨終病人的經驗，細膩地書寫那些未曾說出口的愛與不捨，幫助我們理解道愛、道謝、道歉、道別的意義。

書中的每個故事，都提醒著我們珍惜相聚時光，不讓遺憾成為生命的註解。面對人生中各種形式的告別，這本書都如同黑暗中的一盞明燈，引領我們走過悲傷，學會如何好好愛，也學會如何放手。

蔡宇哲／哇賽心理學創辦人兼總編輯

我是幸運的醫師，因為我在有外掛心理師的安寧團隊工作。維君出書，則讓擁有外掛心理師成為人人觸手可及的幸運，她在臨終照護領域是臺灣先行者，其經驗與風範盡在此書。以習作方式提供讀者練習的書很多，但本書的「心之整理習作」是最上乘的嚮導；描述四道人生的書也很多，但本書寫出每個微渺身影的磅礴劇情——「董事長辦公室（指意識）不肯熄燈，是因為還有個最重要的客人」、「不要為我去死、要為我去活」。啊，生命彈指，寶笈在此。

謝宛婷／奇美醫院緩和醫療中心主任

為什麼我要寫臨床故事？

「寫臨床故事」，對於臨床心理師而言，是既愛又痛的一件事。愛的是，每次在會談中，總有滿滿的情緒與感動，好想記下那些心靈交會的瞬間；痛，則是因為，心理助人工作者的專業倫理中，有著堅不可破的「隱私保密原則」。

我們必須成為一個可靠的樹洞，讓受苦的人把自己所有的糾結心思、回憶、故事，安心地傾倒出來。然後，透過對話、問答，或是身體表達、藝術表達、音樂表達等，去梳理這些讓他動彈不得、快要墜落深淵的思緒與經驗。心理工作者的守口如瓶，可說是受苦之人願意安心交付自己的絕對基礎，也是我們的專業素養。

那麼，身為醫院裡醫學倫理委員會委員的我，為什麼站在「寫臨床故事」這一邊？是不是棄守了個案故事的保密原則呢？

臨床心理師執業二十多年間，我都在臨床工作中寫作，寫作可說是我心理治療工作的一環，不僅能省思整理與個案工作的歷程，也是協助病人與家屬在辛苦的疾病治療歷程中，將那些珍貴的點滴定格記錄下來。

早年還在安寧病房工作時，我會寫下那些在苦難中仍閃閃發光的動人故事，給病人或家屬看過之後，徵得同意，便投稿到中華民國（臺灣）安寧照顧基金會出版的《安寧療護會訊》，只希望透過這些故事，能讓更多人認識安寧療護與善終選擇，讓更多人珍惜與家人相處時的美好，讓更多人能夠及時道愛、透過他人的故事療癒自己的喪親之痛，也讓更多臨床心理師願意投入安寧療護的領域。現在回頭看當年寫的那些故事，有股說不出的菜味跟傻勁，卻仍舊可以創造出那麼多美好，真是不可思議！

或許因為我所服務的對象，都是在癌症治療過程中努力掙扎求生存的人，原本正常平凡的生活，因為癌症、抗癌治療，而翻轉、降生到一個過去未曾經歷且難以想像的「異世界」。無論勇者鬥惡龍的最終結局如何，所有奮鬥求生、適應、共存的故事，都是屬於英雄的旅程。

不只一次，病人像要託孤給我一般，語重心長地告訴我：「這些是我的經歷，我的心情，希望妳把這些故事，講給其他病人聽，鼓勵他們。」或是：「如果你有在帶實習生或教書，請告訴妳的學生……」**那些在苦難的泥淖中，慢慢擦去髒汙與淚水後，帶著痊癒的疤痕，閃閃發光的，充滿愛與力量的故事，多麼想要「被見證」、「有共鳴」、「散布力量」**。

我也在病人娓娓道來的這些故事與心情當中，漸漸學會了「讀心術」，即使每個人都有著最獨特的故事，但也有許多類似的信念、價值觀、敘說，可以相互呼應、共鳴，讓我在面對那些已無力說話或不願開口的病人時，還可以矇對不少答案。當我嘗試著以曾聆聽過的故事與心情，為病人說出那些藏在心裡頭，卻無法說出口的話，無數個病人點著頭，流下淚水，神奇的是，他們居然緩緩開口，開始說起屬於自己，獨一無二的生命故事。

敘事治療中，有一個豐盛故事的手法，稱之為「見證人」（outsider witness），是透過聽者對於原版故事的「再敘說」（re-telling）、共鳴（resonation），然後轉化前進到下一站（transport），讓原本故事當中蘊含的愛與意義得以彰顯、凝固。

感謝我的病人，在臨終病苦之中，願意把他這一生獨一無二的生命故事交給我，希望能透過我的見證、書寫、再敘說，為這些可敬的生命，留下見證與記錄，將他們無私教導我的人生意義、愛、夢想、感謝，讓更多人能夠體會與了解，**選擇安寧療護並不代表「放棄治療」，而是選擇更好的生活品質，安寧病房並非「等死」的地方，是擦亮愛與生命的地方**。另一方面，癌症治療確實相當辛苦，不接受醫師建議的治療，任由疾病蔓延侵犯，躲在家裡斷食哀嘆，也絕對不會抵達「善終」。

希望每位讀者都能珍愛自己的生命以及活著的價值，不要因為對於疾病或治療的恐懼，就輕易說放棄。

對於我自己而言，這一系列的埋頭苦寫，則是想把這二十年來的臨床經驗與學習，透過書寫，善加整理，傳承給未來即將要進入，或已經進入醫療照護領域的心理工作者，讓願意進入醫療領域工作的人們，能找到新的視角與不同的工作方式，不至於被諸多荒誕的臨床現象給淹沒、溺斃。

至於，在專業倫理上，我的書寫該怎麼保護病人隱私？本書的每一個故事，都是融合多個臨床實際個案而成，家庭的故事與糾結，一直在不同的家庭重複發生，把背景人物抽換掉，情節還是一樣成立。每位病人的疾病診斷、背景資料、年齡，甚至是性別等，可能會辨識出個人身分的資訊，都會大幅改寫或是模糊化呈現。臺詞或許是真實發生的，但經過我的融合與重述，連故事的結局，也跟當年這些病人或家庭的發展，不一定相同。

其中有幾個原汁原味的故事，則是過去曾徵得病人與家屬的口頭同意後所寫成，在本書中，經過適度改寫，讓文字表達更貼近我現在的寫作風格。

因此，可以說，這些故事都是真的，但也都不是真的。可能是多個案例交疊，可能有我記憶上的偏差，也可能是我回頭看二十年前的自己，再重新加以優化。

總之，大家就來聽我說故事吧！

如何閱讀這本書

本書共分為四大部分，以家庭中的關係與溝通為出發點，從那些難以說出口的愛做為起點，走到家庭中彼此照顧、關愛時，來不及表達的感謝，然後是渴望被愛、被認可的我們，如何在生命關頭前，相互理解，最後的幾篇故事，則示範了有哪些好好道別的可能性。

總共有二十四個故事，背景是南部某個鄉下大醫院的安寧病房或是癌症病房，而我在其中的角色，可能是鼓勵沮喪失志的癌症病人，再一次為自己與家人，奮戰抗癌；也可能是讓已經進入末期或臨終階段的病人，安穩善終，同時讓失去親人的哀傷家屬，找到在心中安放這份愛的地方，能夠繼續完成接下來的人生。還有幾則故事，是我在醫療現場的無助時光，我常想，如果與死神的賽跑中，我能有多一點時間超前部署，那麼是否可以再多創造一些不同呢？

在每一則故事之後，我會提出臨床心理學的專業觀點，以及我是以怎樣的思考與邏輯，來進行這個病人或家庭的工作。以我擅長的心理治療學派「敘事治療」（Narrative Therapy）為主，也涉獵臺灣本土家庭研究、行為經濟學、社會文化脈絡，以及其他心理學理論的看法，提供讀者一副「心理學的透視眼鏡」，跟我一起看清在故事底下的心理脈動。

由心理學的理論再進一步延伸，每個篇章的最後，會提供一個小習作，或許是人際對話的練習，或許是自我的反思，也可能是一些行動方案的發想。期待每位讀者在閱讀這本書的同時，不只是故事的感動，還能將心裡頭的這些感動，進一步反思與探索你所珍視的愛與信念，並化為實際的行動，好好珍惜人生中每一段值得停留的時光。

Contents

Contents

CH2 那些感謝與留下的禮物

CH3

曾經的不理解

Contents

Chapter1

關於我們所擁有的愛

撲克臉太太

逝者的精神遺產與過往的美好回憶，
並未消逝

一向溫和順服的兒子，這次鐵了心，要違逆媽媽的意思，極力支持膽管癌末期的爸爸，不再做化療和免疫治療，不追求那微乎其微的康復奇蹟，接下來的日子要盡量讓爸爸舒舒服服地好好過。

可想而知，他們一家人陪著病人轉進來安寧病房的那一天，這位太太的臉臭得不得了，跟醫護人員講起話來也挺不客氣的。似乎要以她的憤怒，無聲地抵抗我們這一群手握奪命符的牛頭馬面。

病人入住安寧病房不到兩天，原本那些折磨著他的腹脹、疼痛、口乾等症狀，在醫師積極針對症狀做藥物調整，還有護理師專業的護理照顧下，果真讓病人舒服很多，精神與心情都開朗不少，蜷曲的身子、鬱結的眉頭，都鬆開了。

一早，我走進他的單人病房跟他自我介紹，他似乎恢復了過往熱情好客的習慣，招呼我坐在床旁，客氣地請教我「臨床心理師」是做什麼的。然後跟我講起他曲折的診斷與治療歷程，也談到了以前白手起家，經營工廠的甘苦。

「我想說，那已經是夕陽產業，員工們也都老了，工廠就順勢收起來吧！誰知道退休的好日子過不到兩年，就病成這樣。我太太還在上班，不肯退休，因為她認為我們還有很久的未來。其實我好希望她多陪陪我。我大概時間也不多了，但她一直都認為是我在自暴自棄，哪有可能生病不到一年就要死了。」

這個看似強悍執拗的女人，是他心中最放不下的。

我問：「這些心情，你有試著告訴她嗎？」

「我有幾次試著要跟她說，但她不想聽，她一直都很抗拒、很生氣，沒辦法談。我想多留一點回憶給她，因為接下來的人生，我已經沒辦法陪著她了，可是她一直在逃避、生我的氣。林小姐，我到底該怎麼辦才好？」

我想了想，說：「你真的很想好好照顧她，即使已經意識到自己離死亡越來越近，你對她的掛慮，還是比對自己的關注還要多。你覺得這樣好不好，不如我們先把這些心情寫下來，雖然她現在無法接受，但以後總有一天會懂的。」

他點點頭。

他說，我寫。有些句子，我們兩人斟酌再三才落筆，最後讓他看過內容沒問題之後，他在信末用顫抖無力的手，親筆署名「全世界最愛妳的，老公」。

隔天，太太來了，剛好交誼廳的卡拉ＯＫ開唱，他們夫妻倆合唱了好幾首經典男女對唱曲，好不開心，當然也拍了不少好看又親暱的照片。歌唱得起勁，氣氛正好，我輕聲提醒病人把信拿出來給太太。

原本臉上帶著笑容的太太，展信讀著，臉色卻轉為惱怒，我跟一旁的兒子發現苗頭不對，卻不知道怎麼會有如此的變化。

臉色鐵青的太太，忽然大怒，飆罵起病人：

「你寫這個給我是什麼意思？你寫這些是什麼意思？」

「為什麼你們都要逼我接受？」

「你不是說要陪我到老嗎？現在給我這封信是怎樣？」

當她怒火攻心正要撕碎那封信時，被眼明手快的兒子一把搶下。

「為什麼你們每個人都要提醒我，最愛我的人要死了……」

她崩潰著，大哭了起來。

我站在一旁，既震撼又尷尬。

我眼裡只有病人面對生命倒數的心急，急著要大家一起跟上他的腳步。卻忽略了落單的那一位，其實不是抗拒、拖延、逃避，而是因為她有自己的故事。

她是一位即將失去生命摯愛的女人。她有自己的步調，她在自己的故事裡，正行使著逃避面對的權力。

我夥同她的丈夫，破門而入，硬是把她給拉出來凝視太陽[1]，在這樣的處境下，這封愛的告白信，對她來說，到底是行善還是傷害？

醫學倫理中有「不傷害、行善、自主、公平正義」，這四大原則。其中，最重要的便是「不傷害」這個原則，就如同大家耳熟能詳的藥廠廣告臺詞：「先研究不傷身體，再講求效果。」

不過在心理治療歷程當中，有時看似傷害的撕開傷口，**讓當事人正視痛苦的現實，卻是心靈開始轉化的第一步**。

美國心理學家威廉·沃登（J. William Worden），將哀悼的歷程畫分為四個任務。前期任務完成後，接續著下一個任務，就像電玩破關一樣，難度越來越高，但透過任務的完成與晉級，心理上也能越來越適應、越來越有自信與力量，面對少了一個人的生活。

1 這是美國精神科醫師，也是心理治療大師歐文·亞隆（Irvin D. Yalom）所撰寫，有關死亡恐懼的著作《凝視太陽：面對死亡恐懼》（Staring at the Sun: Overcoming the Terror of Death）。因為死亡和烈日一樣，令人無法直視，但透過人與人之間的連結，以及對「死亡」的悟透、理解，覺察自己對於死亡的恐懼是怎麼一回事，便有機會從對死亡的畏懼中獲得救贖與轉化。

適應喪親的失落與哀傷的四個任務是：

①接受失落的事實。

②體驗悲傷失落的痛苦。

③重新適應一個逝者不存在的新環境。

④保有與逝者的情感連結，並投注在未來的新生活上。

這隱約呼應了聖嚴老法師說的：「面對它、接受它、處理它、放下它。」但哀傷的心理適應，不只走到「放下它」，還要能夠帶著轉化過的情感，繼續往前走人生的路。

沃登的哀傷適應理論，讓我們可以定位出，面臨哀傷失落議題的那個人，正處在心理適應地圖上的哪個位置。如果要推進自己的適應，或是陪伴正在受苦的人在哀傷中轉化，要先定位出當下的起點，才能安住，然後知道下一步該往哪裡走。

其中的第一個任務「接受失落的事實」，也就是「面對它」與「接受它」，是相當關鍵的第一關，由它來拉開面對與適應的序幕。

面對與接受事實，才能開啟後面的適應與因應歷程。

故事中的太太，似乎還無法面對，還在否認、逃避、不接受，我們需要多花一些力氣與時間，旁敲側擊，引導她慢慢去正視事實、凝視太陽。

親人即將死亡的事實令人痛苦萬分，當事人也會陷入悲傷失落。旁人適時給予陪伴、關懷、生活扶助等，讓飽受失落之苦之人，在任務二與任務三之間擺盪，不僅處理它，還要消化它，終能慢慢適應現在的新生活。

在新生活之中，或許會有其他新的人、事、物進入生命故事中，但逝者的精神遺產與過往的美好回憶，並未消逝。活著的人如果可以認出逝者送給她的禮物與力量，就可以帶著這些祝福，繼續接下來的人生。

這也是我自己在與臨終病人以及他們的家人工作時，很重要的評估指標與工作指引。面對這位既悲傷又憤怒的太太，我與病人多花了一些力氣在促使她面對即將到來的事實，也把她推進到任務二，讓她體驗到悲傷失落的痛苦。

那麼，接下來我與醫療團隊要如何與病人，還有其他的家人攜手合作，為她建構起可以度過任務三與任務四的支持系統呢？

如何面對家人離去

假設，有一天你忽然獲得了可以預知某個人死亡時間的能力，同時也發現，你最重視、親愛的家人，將從現在起算的七天後過世。請試著感受或思考以下的問題，並且把你的想法寫下來。

✳ 你是否會告訴這位家人以及其他家人這個消息？為什麼？

✳ 得知這個消息之後，你今天會做些什麼事？可能會有哪些心情？

✳ 接下來的這七天，你會做哪些事？可能會抱持著怎樣的心情完成這些事？

✳ 七天後，這位家人如你預知的過世了，請想看看，你與其他的家人，可能會如何度過接下來的時光？

請將思考過程中，感受到的心情，以紙筆或手機記錄下來，然後再繼續展讀接下來的故事。

撲克臉太太每天上班前，總會來到病房，陪病人吃早餐，看財經新聞，聊一些日常瑣事。似乎那一間單人病房，就是他們夫妻倆的小世界。而進出病房執行業務的醫護人員，只是打擾他們幽會時光的閃亮電燈泡們，不值一哂。

唯有我，是真實存在於他們夫妻關係之中的。

每次她看到我走進病房，就會閉上嘴，停止手上的動作，走到角落去坐著，不發一語背對著我，看著窗外，似乎有個結界隔開兩個世界。

在這麼尷尬的氣氛中，我不停在內心自我喊話：

「病人有很多心裡話要講給老婆聽，只有我在這邊，扮演他的聽眾，他才可以好好說完，他老婆才有機會聽到！我要忍耐、我要坐下來、我要好好讓他講！」

他的確說了很多，說他一生的知足與福氣，說他生意的起落、遇到的貴人，說他跟太太在教養孩子上的衝突，說他有這個太太相伴三十年的幸福。

「幸福？臉這麼臭，脾氣又這麼壞，你還這麼愛她？你瞎了嗎？」我按捺住心中的吶喊，讓先生好好地說著這一生以來，終於可以妥善梳理的心路歷程。他對著我叨絮著，我則不時瞄著太太望向窗外的背影。

「嘿！妳聽見了嗎？他也好想信守承諾，一輩子守護妳！妳可以走過來這邊，拉拉妳先生的手，原諒他必須先走一步的愧疚嗎？」這些話，我終究藏在心裡沒能對她說出口。

過了一個週末，禮拜一早上一走進護理站，護理師便急急忙忙來叫我，說病人急著找我，要我趕快過去。

我心頭一緊，趕緊換上白袍，走進他的病房。

病人一如往常躺在床上，但眉頭深鎖。電視沒開，沒有每天常態播放的財經新聞。角落那個陰暗的結界已經展開領域，撲克臉太太似乎帶著怒氣盯著病人看。

我有點害怕，不知道要面對的是什麼。

「維君，我快要死了。」病人迸出這句話，才張開眼睛看著我。

我似乎可以感受到太太那一端熊熊燃燒的怒火。好傢伙，你到底是在逼你老婆面對死亡，還是在逼我面對你老婆？

「嗯，這是你早就知道的事，怎麼今天特地叫我來，要告訴我這件事呢？」我拿出心理師的萬用句型先頂一頂。

「因為我很怕。我本來以為，死了就死了，我不怕死，只是怕痛苦，只是捨不得這麼美好的人生。但是我這幾天發現，我真的好怕，怕到根本就睡不著。」

事情變得有點有趣，我問他：「你怕的是什麼？」

他搖搖頭：「我不知道。」

選擇題應該比問答題容易回答吧？我問他：「你是怕死掉的那一瞬間？還是不知道死後會去哪裡？還是，擔心從現在到死亡的這段時間，會發生什麼事？」

他想一想，說：「前兩天，我發現我的腳沒辦法動了，然後是沒辦法控制尿尿，尿出來了也沒有感覺。妳看我，已經包了尿布。」他邊說，邊掀開被子的一角，讓我看見他因為尿布而膨起的下腹部。

「昨天半夜，我一直吐，護理師說我消化不好，腸子不知道是堵住了還是不動了，下不去的就通通吐出來了。」

「維君，我覺得好可怕，本來以為我的身體已經夠糟了，竟然還可以更糟，然後更糟。最可怕的是，我居然要這麼清醒地面對這一切……妳可以告訴我，到底在真正死掉之前，我還需要面對什麼嗎？讓我有點心理準備好嗎？原本以為我的身體已經一無所有了，到底還要再奪走些什麼？」

他啜泣起來，我第一次看到他這樣。

我想起之前在電影臺看到《索命麻醉》裡的一段情節，隨著男主角因為過量的麻醉而逐漸走向死亡，他夢中所經之處的燈，在身後一盞一盞熄滅，我把這個意象稍作轉換，跟他說：「你的身體，就好像一座工廠，平常每臺機器、每個器官，都各司其職，在生產線上相互配合運作得很好。時間久了，產業沒落了，這間工廠要停工歇業，你是這間工廠的老闆，會怎麼做呢？」

這似乎勾起他生病前關閉工廠，提早退休的回憶。他苦笑說：「我會好好巡巡看看，謝謝每一個員工，謝謝每一臺機臺這些年陪我一起打拼。然後我想自己親手一臺一臺把它們關掉。」

我說：「是啊，你感覺到身體機能的喪失，就像你一臺一臺把機臺關機。前幾天關掉了腿的，然後是泌尿系統，昨天半夜關掉消化系統的開關。或許接下來，你會關掉腎臟或肝臟的代謝能力、肺的呼吸能力、手的動作、嘴巴的說話……」

他微微笑著，點點頭，似乎懂了這個隱喻。

我問他：「你是工廠的老闆，哪一個開關是你最後才要關掉的呢？」

他從被窩裡緩緩把乾瘦的手伸出來，指指自己的太陽穴：「董事長辦公室。」

我有點意外：「所以，你才會清醒地面對你的身體工廠慢慢關機嗎？」

他點點頭，臉上浮現了謎樣的微笑：「原來是這樣，清醒地面對這一切，是我的選擇，沒錯。」

我問他：「為什麼董事長辦公室的燈還不能關呢？」

他把頭微微轉向床邊，深情地看著太太的背影：

「因為……辦公室裡，還坐著一個，對我來說非常、非常重要的客人。」

我的淚水忽然滑落臉頰，滴了下來，連我自己都嚇了一跳。

病房裡的三個人，就這樣各據病房的一隅，靜靜地，消化著各自的感傷。

有不少身體逐漸衰敗、走向臨終的病人，對於自身的死亡將近，有很明確的覺知，不只是身體感覺明顯變化帶來的衝擊，甚至是直覺上明確預知了自己的死亡時間。他們都會急迫地想要在抵達生命終點前，跟親愛的家人道別；也有些人，會因為意識到死亡將近，而相當焦慮、恐懼，甚至夜間不敢闔眼休息，就怕這一睡，再也醒不過來。

除了病人自己的主觀感受，在臨床上，安寧團隊會根據病人的生理檢驗檢查值、生命徵象（心跳、血壓、呼吸頻率等），以及生理症狀的改變，來推估死亡可能發生的時間。例如，每天的總尿量明顯減少、眼睛鞏膜水腫、睡眠時眼皮無法完全閉合，有些病人會出現陰莖倒縮，或是耳垂內縮的現象。這些都指向病人的餘命期已不到一週，醫療團隊必須在有限的時間內，為病人與家屬做好面對死亡的事務性準備，包括死亡證明書的開立程序、需要的證件、確認是否要留一口氣回家善終、臨終出院時要換穿的衣服襪子是否備妥、後事是否安排妥當、臨終時禮儀社的救護車大約多久會到。

光是與家屬確認這些繁瑣的臨終準備事項，就足以逼著態度否認與逃避的家屬，不得不去著手為即將到來的死亡做準備和聯繫。

但，無論事務性的安排與準備進行到什麼程度，在面對病人說：「我就快要死了。」時，家人仍舊會因為自己的心慌或哀傷，而打斷這個話題：「你不要想這麼多！」「不要講喪氣話！」

相對地，與病人沒有情感羈絆的臨床心理師，還有同在安寧工作的醫護同仁，反而成為相當好的容器與緩衝，允許病人好好地敘說，臨在死亡跟前時的特殊體驗。也讓家屬退守到我們身後，好好傾聽病人此刻的心聲。

那麼，我通常是怎麼跟有臨死覺知的病人談死亡的呢？

第一步，接住「死亡」：

當病人說「我快要死了」時，我會先釐清，這個結論是怎麼來的。我通常會問：「發生了什麼事？你為什麼會這麼覺得呢？」病人多半會說出自己身體感覺的變化，或是周遭的人在面對他們時，態度上的細微改變，也有一些人出現了預知夢，或是看到往生的親友、感受到神諭等。

當病人可以敘說自己發生了什麼事，而連結到死亡，我會同理他們面對這種前所未有的身體與靈性經驗：「哦，是發生了這樣的經驗，讓你覺得自己快要死了。你還好嗎？」讓他們知道，可以談死亡，談死亡是很安全的。

談死亡不會改變死亡到來的時間，但可以改變面對死亡時的心情。

第二步，接住「心情」：

如果病人對於死亡將近，有很強烈的負面反應，例如，害怕、焦慮、抗拒、悲傷、不甘心等，我會好奇地詢問他們，這樣的感受，是怎麼出現的？背後的想法是什麼？在這當中，或許會有一些「壯志未酬身先死」的遺憾，那麼，他未能完成的「壯志」是什麼？是可以趕緊完成的心願嗎？是他對於家人、親友的捨不得與祝福？抑或是想傳承下去的信念與叮嚀？

第三步，整理「信念」：

談死亡、談遺憾，目的不在於解決問題，也不在使命必達地去完成心願，**而是在「整理」這些思緒與感受，探索在這當中，他這一生所珍視的意義與信念。**即使肉體不復在，但這些祝福或信念，會繼續在這個家庭裡傳承下去。

當這些潛藏在他人生中的信念，被「談」出來，浮上了意識層面，原本困在受苦當中的人，會因為體認到受苦有其意義，而能嚐出苦中的甘，然後繼續前行，直到終點站。

例如，故事中的病人，清醒地面對身體機能的衰敗與失控，原本讓他無比驚恐，但透過會談的探索，他理解到原來這樣的結果，是出自於自己下意識的堅持，而這個堅持來自於，他無論如何都想陪伴與守護自己的愛妻。

「清醒感受這一切」實踐了他心中的信念與意義，原本因為清醒面對身體機能喪失的驚恐感受，也隨之煙消雲散；與此同時，太太聽到了這些敘說，或許更能意識到丈夫對她的守護與愛，至死方休。

如何面對自己的死亡

接續著前一個練習，想像你忽然獲得了可以預知某個人死亡時間的能力，同時也發現，自己會在從現在起算的七天後過世。

此時，你感受到自己的身體開始出現一些異狀，包括體力變弱、少量活動就喘起來、睡眠變淺，但是睡著的時間比平常更長了，而且，常常會回想起一些很久、很久以前的往事，那些重新被記憶翻出的往事，情緒仍然鮮明，似乎有些特別的意義。請試著感受或思考以下的問題，並且把你的想法寫下來。

✵ 你會想把自己還有七天壽命這件事，告訴誰？會怎麼跟這個人傳達這個消息？為什麼想要告訴他？如果你決定不告訴任何人，考量是什麼？

✵ 在這七天，你想要待在哪裡？希望有誰陪在你身邊？希望做些什麼事？在飲食上，想要吃或喝哪些東西？

✵ 過世之後，你希望那些珍惜、疼愛、牽掛的人，記得你的哪些特點與哪些故事？希望未來有一天，當他們談起你時，會想到你的什麼？

撲克臉太太，依舊每天散發著惱怒的負能量。不同的是，她向公司請了假，開始二十四小時駐守在病房裡。

在工廠關機巡禮之後過了幾天，我跟她在茶水間相遇了。

她板著臉，冷冷地跟我說：「昨天晚上他對著門那邊說話，好像聊天聊得很開心。明明房裡就只有我跟他。你們這邊該不會不太乾淨吧？」

我一聽，感覺不太妙，連忙問她：「他有說他是在跟誰講話嗎？」

她繼續冷冷地說：「他說是跟主任講話，那個主任是他最忠誠的部屬，一起打天下的。」

我問：「那個主任現在？」

她說：「主任五年前肝癌死掉了。我就跟他說啦，發什麼神經，主任已經死了，我叫他不要講那些有的沒的嚇我。」

太太冷冷的樣子，我實在看不出她有被死去的主任嚇到。

收起心裡的ＯＳ，我維持著專業態度跟她說：「沒關係，我等一下去問問他。」

走進病房，太太依舊坐在窗邊角落的老位子，但她不再死盯著窗外，那個陰暗的結界似乎已經不復存在。

病人看起來更瘦、更虛弱了，他看到我，微微笑著說：「啊，維君妳來啦？」

我心想，很好啊，雖然聽太太的描述，病人好像有視幻覺，但是還好，還認得人，對人的定向感沒有問題。

我心裡暗暗做了認知功能的評估，才開口問他：「我聽你太太說，昨天晚上你看到主任，還跟他聊得很開心？」

他笑了，開心地說：「是啊，我五年沒見到他了，有好多話想問他，有好多話想跟他說。」

「欸，維君，他來了，就在妳旁邊喔！」

忽然一陣哆嗦從腳底竄升。

我趕緊靜心感知一下，咦？我身旁方圓兩公尺內，沒有其他的無形能量體啊！他應該真的是臨終譫妄了，要不就是將心裡的極度想望投射在這個空間裡。

我問他：「你看起來很開心耶，你們聊了些什麼？」

「他告訴我，那邊的世界很好，我的爸爸媽媽也都過得很好。他們要我不要心急，覺得安心了再去跟他們相聚。原本以為他是來接我過去的，但他說，我一向知道該往哪邊走，該什麼時候走，他只是帶個消息來，讓我放心為自己做決定。」

我說：「你知道我跟你太太都看不見主任嗎？」

他噗哧一笑：「我知道啊，主任五年前就死掉了啦！妳們兩個又還沒要死，怎麼可能看得見他？」

我跟太太說：「我想，妳先生現在一腳踏在人世間，一腳已經踏進彼岸了。」

不出所料地，太太板起臉，倏地站起身來，對著病人破口大罵：「你大白天講什麼鬼話？什麼主任站在心理師旁邊？我看你是病到神智不清了！」

我正急著想開口制止太太，沒想到病人輕輕拍拍我的手，沒讓我開口。

他瞇著眼，輕聲跟我說：「沒關係，我們都盡力了，往後的日子，就交給我兒子吧！他很懂他媽媽，也很愛他媽媽，沒問題的。」

反而是我慌了，面對這尷尬的緊張情境，一時不知道該怎麼辦才好。

他再次輕輕拍了拍我的手：

「我累了，想要好好休息。維君，謝謝妳，我要休息了。」

我向他跟太太微微鞠了個躬，有點狼狽地轉身離開病房。

當天晚上八點多，病人走了。他體貼地選了一個很好的時間點。兒子和媳婦下班後帶了晚餐來病房，跟病人的太太一起吃。飯後，太太帶著便當廚餘去茶水間清理，就在太太離開他身邊那短短五分鐘，病人靜靜停止了呼吸。

小夜班的護理師說，媳婦很俐落地處理了所有的事務性事宜，兒子則撐住了情緒崩潰的媽媽。這一對年輕的夫妻，不愧對病人的信任，在臨終的這一刻，讓病人安心去到了彼岸，也承襲了他的心願，繼續守護著他最愛的那個女人。

「譫妄」是一種因為生理因素引發的精神狀況異常，譫妄的病人會出現意識混亂、注意力渙散、知覺障礙（出現視幻覺或觸幻覺）、無法判斷自己所處的人時地，有時也會出現過於激烈的攻擊行為，或是過於淡漠呆板的反應，讓在旁陪伴的家屬，誤以為病人陷入了憂鬱或絕望。

一旦造成意識混亂的生理因素改善了，這個人又會回復原本的樣子。會引發譫妄的生理因素，包括重病或久病、體內電解質嚴重失衡、貧血、藥物的作用、感染、藥癮或酒癮的戒斷症候群等。

根據過去的研究，接受安寧療護的末期病人，因為身體機能的嚴重衰退，加上可能長時間使用鎮靜或止痛藥物，大約有62％出現譫妄，有一半的病人會從譫妄中清醒過來。死亡前幾天到幾個小時，則有高達88％的臨終病人，出現譫妄的狀況。

雖然大部分從譫妄中清醒過來的病人，不會記得那段混亂的期間發生什麼事，但也有些病人在譫妄發生時，尚保有部分的意識與記憶，經過生理上的處置後清醒過來，會對於那段時間的身不由己，以及現實與虛幻交錯的夢魘感到恐懼、痛苦。

從靈性的觀點來看，臨終階段是人的靈魂準備與肉身脫離的過渡時期，意識上也會在現世與彼岸之間穿梭，常常可以聽到臨終病人看到或夢到已經往生的家人、朋友來訪，或是有一群小朋友在病房的角落嬉戲玩耍。

病人昏睡休息的時間拉長了，似乎是在內在世界，為前往彼岸的旅程打包行李。這段時間，不知道是緩和醫療的藥物控制，還是靈性層次的轉化，病人看起來多半都挺舒服的。有些人在死亡的前一天或前幾個小時，會突然精神變好、想吃東西，跟大家快樂地相處，就是俗稱的「迴光返照」。

人在生命最後的幾個禮拜，常常是在生之慾與死之慾之間拉扯糾結著，無論是否準備好了，無論是否逃避抗拒，啟程的鐘聲響起，就得要出發。醫療人員與病人的家屬，都還在「生」的這一端，沒辦法在死亡時間點與形式上有太多著墨。**我們可以做**

的，是盡可能地理解病人在這段時間的經驗，把握時間，引導整個家庭動員起來，相互扶持到離別的那一刻，然後，還能好好繼續走下去。

只是，如美國哀傷心理學家肯尼斯．J．多卡（Kenneth J. Doka）所言：「所有的死亡都來得猝不及防。」即使已經在安寧病房住院一段時間，護理師也持續衛教陪伴在旁的家屬，如何辨認臨終症狀，怎麼用那些症狀的出現預估死亡到來的時間。無論前往彼岸的旅人如何順風，做了再多的道別與準備，對於留在現世要繼續活著的家屬，那一刻仍是衝擊。

「交代」，對於臨終之人來說，從來都不是件容易的事。

故事中的病人，盡一切所能想要安頓好太太，但在力有未逮之處，他知道，一家之主的棒子可以交託給兒子、媳婦，讓這個家庭不至於因為一個人的死亡而崩塌。他的愛與牽掛，會繼續守護這個家庭，以及他所愛的家人。

如何面對心中的掛念

壯志未酬身先死，長使英雄淚滿襟。在死亡之前尚未圓滿的責任與情感，會隨著生命的消失而煙消雲散，還是有一個可以託付的人會繼續擔起擔子？

接續著前兩個練習，如果你忽然獲得了可以預知某個人死亡時間的能力，同時也發現，自己會在從現在起算的七天後過世。因為對於生死已經有了不少思考，所以你覺察到，身邊有很在意、珍惜的人事物，似乎也有一些夢想或掛念還沒完成，或許對於自己即將離開這個世界，隱隱覺得不太放心，卻說不上來。

請試著感受或思考以下的問題，並且把你的想法寫下來。

✺ 你身上是不是有一些責任，要再繼續陪伴或是照顧某人？如果有這樣一個人或一些人，他們是誰呢？

✺ 有哪些人知道你這樣的掛念以及責任？

✺ 如果有機會跟他們聯繫，你會用什麼樣的方式？是直接打電話、當面講、E-mail、還是傳訊息？你會怎麼說你的開場白？

✺ 有哪些事情，是你一定會交代、委託給他們的？為什麼？

這些問題，一下子會有點難以回答，試著用紙筆或手機把這些想法記錄下來。感受一下，你對於自己有哪些新發現？有哪些事情，想現在就起身去做？

這是媽媽送給妳的守護神

死亡雖然感傷，但也是祝福的延續

禮拜三，中低年級的小學生們只需要上半天課，下午算是比較能自由運用的時間。也因此，禮拜三下午跟週末，都是比較常在病房區看到小朋友前來醫院探病的時間點。

原本這個禮拜三下午，一個國小三年級的女孩要來看媽媽，安寧共照團隊安排了臨床心理師（就是我），去引導母女倆的四道[2]人生，及早為她們做善別準備，以及評估孩子未來情緒適應的風險，提供必要的資源。

禮拜二早上，我去病房探視時，病人已經意識昏迷了，看到她綁在雙手上的保護約束帶、聽到她的喟嘆式呼吸聲，我心中覺得很不妙，這些都是臨終的徵兆。我簡單的跟先生做了會談，馬上請先生聯絡學校跟家人，讓孩子趕緊過來醫院。

整晚未能安眠，兩眼發紅、滿臉鬍渣的先生，神情有點恍惚地說：「早上的護理師也是這麼說，真的那麼快嗎？等不到明天嗎？」

2 四道人生是指親密的人際關係中，最重要的四個表達：道謝、道愛、道歉、道別，也就是「謝謝、我愛你、對不起、再見」。安寧療護中的心理照顧，相當重視家人之間能夠及時完成這四道，因此在安寧療護的專業人員教育中，引導家人互相四道的能力，可說是重點必修課。

正午時分，孩子還在路上，病人就過世了。

丈夫在病房中泣不成聲，而我得知這個消息，心裡一沉，說好的建立關係跟四道人生呢？我等一下該怎麼告訴這位才要初次見面的孩子，媽媽已經死了？

阿公把孩子載來醫院，小女孩的瀏海被汗水黏在額頭上，祖孫倆喘著氣，看來是緊迫的交通行程，加上一路奔跑，讓他們看起來有點慌亂。我緩緩自己，跟害羞又緊張的小女孩自我介紹，然後帶著她進入病房、一起走到病床邊。我把病床高度降到最低，讓她可以剛好站在媽媽的臉旁邊。

小女孩不發一語，整個人顯得很緊繃。

「把拔說，妳昨天晚上有來看馬麻，妳們說了什麼呢？」

她尷尬微笑，搖搖頭。

「馬麻跟昨天妳來的時候很不一樣，她像是怎麼樣呢？」

她小聲地說：「睡著了。」

「她看起來很像睡著了，不過她不是睡著哦！妳猜猜看她現在怎麼了？」

孩子再次搖搖頭。

「馬麻剛剛已經死掉了。因為她的病好嚴重，讓她的身體沒有力氣動了，也沒有辦法再跟我們說話，以後，她沒有辦法像之前一樣，可以陪著妳做那麼多事情。但是妳知道，她好愛、好愛妳，對不對？」

孩子用力點點頭。

「馬麻很愛妳，送給妳很多禮物，妳知道嗎？」

孩子睜大眼看著我，搖搖頭。

「她送給妳一個世界上最棒的把拔，而且很多人說妳很可愛、跟馬麻長得很像，這是馬麻把她的基因送給妳。馬麻還送妳好珍貴的生命，讓妳可以笑、可以玩、可以跟喜歡的人在一起。」

孩子點點頭，焦慮全顯露在手上，把國小制服的小領帶一股腦地往嘴裡塞。

我搓搓她的頭：「妳很緊張嗎？還是很傷心？想抱抱馬麻嗎？」

孩子連著三個問題都點頭點個不停，我請爸爸把她抱到床上，孩子就趴在媽媽的胸前，用力吸著媽媽的味道。

我拉著媽媽已經冰冷蒼白的手，搭著孩子的背，或許，以前她們母女倆在每天睡前，都有這麼一段抱抱睡的時光吧？

孩子下床之後，整個人還是看起來非常的緊繃、僵硬，我跟她說：「妳可以哭喔。妳看，我跟把拔也都在掉眼淚、流鼻涕。馬麻死了，我們都好捨不得、都好傷心。」

孩子原本緊縮的肩膀，這才漸漸鬆了下來，她哭著，很壓抑地哭。

我也哭了。

如果哪天，我是躺在那邊的遺體，真希望也有這樣一個人，可以好好告訴我的孩子，死亡雖然感傷，但也是祝福的延續：「我已經把我最美好的一切傳承給你了，我親愛的孩子。」
淚流不止的爸爸過來摸摸孩子的頭，哭著說：「媽媽去天上當小天使了，我會一直、一直好好愛妳。」
我在孩子耳邊輕聲說道：「把拔是馬麻送給妳最珍貴的禮物，當妳傷心難過的時候，就抱著把拔，這是媽媽送給妳的守護神！」
父女倆抱著彼此，泣不成聲。
葬儀社的電話來了，爸爸收起眼淚去處理事務；孩子也收起眼淚，跑去廁所。上完廁所的小女孩，好像整個人重新活了起來，變成一個活潑、笑咪咪、聰慧、多話的小傢伙，在病房裡好奇地看東看西、跟爸爸撒嬌。我跟爸爸簡短的做了一些孩子哀傷適應以及行為變化的衛教，留下一張我的名片，鼓勵他，之後如果在教養上有需要諮詢，可以打電話給我。

然後我問小女孩：「需要我留在這邊陪妳一下，還是妳只要跟把拔馬麻在一起就好？」

小女孩仰起頭，淚光閃閃卻笑咪咪地說：「我只要跟把拔馬麻在一起就好！」

是啊！可以跟把拔馬麻在一起，就是最美好的時光了。

關於哀傷議題的溝通，我總是堅持直接說「死亡」，而不使用其他詞彙替代，尤其是面對小孩子，他們對於語言的隱喻性認識，有時候與大人的表達跟理解不完全一致。「死亡」就是「死亡」，不是「睡著」、「上天堂」、「當小天使」，要不然孩子可能對於睡著、天堂這些中性的語彙，產生恐懼或怪奇的聯想。

不同年齡層的兒童在理解抽象概念和感知社會潛規則（例如，喪親後的思念與悲傷）方面各有差異，因此需要根據他們的認知能力和情感發展程度，採用不同的討論方式和表達方法，才能讓他們更好地理解和接受。

・兩歲以下的孩子：

語言理解與表達能力受限，比較難和他們「討論」。他們對於身邊熟悉的陪伴者的改變，反應相當敏感。例如，我喜歡的那個人消失不見了、照顧我的人心情不好在哭等，會因此顯得焦慮，容易哭鬧或缺乏安全感。此時，應多給予安心的陪伴與生活基本需求的照顧，不見得需要多說或多討論什麼，只要生活作息固定、照顧者情緒與行為穩定，就能讓孩子盡快重回常軌。

・三到六歲的孩子：

可以透過反覆說明、確認、繪本故事等，逐漸理解「死亡」。孩子身邊的大人在溝通時，盡量用「死亡」兩字來說明，而避免用「去遠方旅行」、「睡著了」等隱晦字眼解釋，否則容易造成孩子的誤解，產生對於外出旅行或睡覺的不安。

他們對於死亡還沒有強烈的情感反應，也還在學習死亡的特性（因果性、不可逆性、終止性），他們可能會反覆詢問同樣的問題，一再確認。因此，會需要大人有耐心地用中性平穩的溝通方式，慢慢說明、教導死亡的現象，以及親人過世會對生活產生哪些影響，甚至可以跟孩子表達自己的哀傷心情，以及如何思念與因應這些變化。

・六歲以上進入學齡的孩子：

對於「死亡」的不可逆性、終止性、因果性、普遍性，都已有一定程度的理解，也更容易感受到失去親人之後的孤單與恐懼，害怕還在身邊的大人也會突然消失，哀傷與焦慮的情緒更為明顯。但在口語表達上，卻不一定可以說得清楚。此時，如果身邊的大人可以理解孩子的心情，並且幫忙將那些心情說出口、攤在眼前，並表達接納和共同面對，可以給予孩子足夠的安全感，去消化一湧而上的哀傷情緒。

家長也能與孩子分享自己的心情，讓他知道即使家裡缺了一角，我們還是可以成為彼此的支柱，表達心中的不安是安全的。例如：「把拔很想念馬麻，但馬麻已經死了，不會再回來陪我們。把拔會因為見不到馬麻而感到傷心，就會想哭。如果看到把拔哭，可以拿衛生紙給我，或是陪我坐一下。」

要和孩子好好談死亡，大人必須先能接受親人死亡的事實。

跟孩子坦承自己適應哀傷的內在歷程，是一件不太容易的事。但隨著近年生命教育的推廣，在醫院中，我遇到越來越多年輕的喪偶者，即使悲傷、疲累，仍願意貼近孩子，好好敘說面對死亡的心情、在心裡成為彼此的靠山。

如何描述死亡

試著花一些時間，仔細聆聽旁人如何用語言來描述「死亡」，尤其可以多注意這些詞彙是否因為場合不同（家中、媒體、公共場所），或對象不同（老人、成人、小孩），而有所差異。

- 把這些指稱「死亡」的代用詞記錄下來，想一想為什麼人們會以這些詞彙來指稱死亡。
- 試著用更直接、清晰的方式，重新表述「死亡」是什麼，並且用不同年齡層的兒童可以理解的表達方式與詞彙，試著對孩子說說看，並努力回答孩子提出的問題；也可以把這次練習的想法寫下來，或分享在社群媒體上，讓朋友們可以加入討論或給予回饋。

在整段練習過程中，你對自己有哪些新發現？你對於死亡話題的態度與表達方式，是否有所改變？

想念媽媽的時候怎麼辦

只是肉體沒辦法常伴左右，
但對孩子的關愛，無所不在

她，從感到不舒服到急診就醫，收進加護病房治療，在很短的時間內，就過世了。時間短到沒有任何人有機會做心理準備，短到連心理師都還來不及收到照會，就走了。

愕然、悲傷，又疲憊的丈夫，也只能頂下這一切。親戚鄰里雖然不解、碎嘴，詢問與莫名的八卦確實帶來一些壓力，但幫忙接送兩個稚齡的孩子、送點熱食，還是多虧了他們的熱心。

阿公阿嬤也來了，讓日常起居飲食很快地重回常軌。但視死亡為大忌的老人家，面對孩子的發問、害怕，常常發怒制止，以為壓抑就好，以為久了他們就會忘記。多說多難過，就別說了吧！

兩個孩子面對生活的劇變，感到疑惑、恐懼又不安，晚上非得跟爸爸擠在一張床上睡不可。

告別式結束後，不過一個禮拜的時間，孩子們變得害怕出門上學，不願意爸爸、阿公、阿嬤離開自己的視線，連大人要去巷口雜貨店採買，都會造成兩個孩子莫大的焦慮。

孩子的爸爸回到醫院社服部，詢問福利補助的申請，社工師看到他一副心力交瘁的樣子，多問了他一些家裡的狀況，才知道兩個年幼的孩子，心中對死亡的陰影揮之不去。

社工師打電話給我，問我這樣的個案有什麼好建議？

我請爸爸接過電話，問了一些狀況，約了一個下午，請他把這對小兄妹帶過來，我們一起聊聊。特別叮嚀他，要他跟孩子說，如果有可以用來想念媽媽的東西，也一起帶過來。

見面的那天，不只爸爸跟兩個孩子，阿公阿嬤也來了。

三個大人七嘴八舌講著家裡的劇變、自己的心情、對孩子的擔心等，小孩子在這樣的情境中根本坐不住，開始在椅子上扭來扭去、觀察房間裡的東西，終於忍不住開始走動、翻找房間裡的東西。

哥哥不時問爸爸：「好了嗎？可以回去了嗎？」

妹妹找到一盒彩色筆，問我：「阿姨，我可以畫畫嗎？」

我好不容易在這團混亂中找到一個空檔，先肯定大人們在哀傷中，還能如此努力與用心，孩子也很努力在適應，我們一起討論看看，可以怎麼做，讓整個家庭重新步上軌道。

徵得所有人的同意之後，我請大人們先坐到會談室牆邊的椅子坐著，讓我跟孩子有機會可以單獨說說話。

哥哥從爸爸的包包裡，掏出一疊日曆紙：「爸爸說今天要交作業給妳。」

薄薄的日曆紙上，國字與注音夾雜，方方正正的字體，是孩子一筆一劃用心寫下的。

「有一些被阿嬤撕掉了，所以只有這些。」

我仔細一看，上面寫的是：

媽媽我好想妳

我會乖，不會再惹妳生氣了

媽媽妳到天堂了嗎？

我忍著奪眶而出的淚水，問他：「阿嬤撕掉的那些，你怎麼辦？」

哥哥說：「拜拜的時候，我把那些一起燒給媽媽。如果燒錢跟房子她收得到，信，她應該也收得到。」

我好奇問道：「那你夢到媽媽了嗎？」

「我也不知道那是不是夢，禮拜二學校上一整天課，我趴在桌上睡覺的時候，好像是媽媽來看我，她摸摸我的頭，我爬起來想看看是不是媽媽，結果就被老師罵了。」

我問趴在桌上埋頭苦畫的妹妹：「妳在畫什麼？」

我對幼兒的畫實在沒有解析能力。

妹妹停下手上的畫筆：「阿姨，為什麼死掉的人只能用很長、很長的湯匙吃飯？為什麼在天堂還要別人餵才吃得到？在地獄要自己吃，可是會很餓？」

我猜是那個天堂與地獄的寓言故事，但餵飯跟自己吃，與六歲孩子的吃飯世界觀大相逕庭，大人一定都叫她自己吃，不可以叫人家餵啊。

我回頭看看那三位大人，也是一臉疑惑。

我問她：「天堂跟地獄的事，是誰跟妳講的？」

「是老師以前上課講的。」她一臉擔心：「阿嬤說媽媽去天堂了，可是媽媽吃飯都用筷子吃，而且她不喜歡餵。這樣她會不會很餓？」

我跟她說，那只是個寓言故事，告訴我們互相幫助，才能上天堂，自私自利就只能去地獄。

孩子似懂非懂，我只好跟她再三保證，天堂的用餐時間就像吃Buffet，媽媽絕對不會餓著，也不需要被別人用湯匙餵。

我問他們：「你們都很想夢到媽媽嗎？」

小兄妹點點頭。

我說：「那我們來寫信，跟媽媽約約看吧！之前哥哥好像有成功一點點，我們再來試試看。」

我用眼神邀請爸爸過來，為小女孩代筆，一邊引導（暗示）他們怎麼把「約定」變得很具體。

信寫好了，請大人幫忙在下一次拜拜時，一定要讓兩個孩子參與，讓他們親手把信燒給媽媽。

過了一個禮拜，我打電話去他們家，好巧，是妹妹接的電話。

她開心地說：「阿姨，我夢到媽媽了，她帶我去吃冰淇淋！哥哥也有夢到，我叫他跟妳講。」

哥哥剛從安親班回來，書包還沒放下，聲音聽起來有點喘：「阿姨，我每天都寫信給媽媽，拜拜的時候燒了好幾張給媽媽，結果這三天媽媽都有來看我！」

我心想，這也太神奇了吧！

「可是昨天晚上，媽媽說她要去高雄當媽祖，不能再常常來看我了。」

我問：「你覺得呢？」

「我不知道耶，如果媽媽可以變成神明保護更多小朋友，是不是比只當我跟妹妹的媽媽還要好？」

我有點想哭，這孩子還挺懂事的，我說：「是啊！而且媽媽變成神明的話，是不是就無所不在了呢？」

「好，那我也要跟妹妹這樣講！想要跟媽媽說什麼，就繼續寫信給媽媽，因為媽媽真的都有收到！」

心理學是一門科學，不是靈學。我相信自我暗示、自我實現的預言、選擇性注意力等行為與心理學原理，重新繫起他們與媽媽之間的連結，也打造了這兩個孩子面對未來挑戰所需的心理力量。

阿公阿嬤只是不知道可以怎麼表達，但他們對孩子的關愛是真真切切的。

爸爸只是還在自己的哀傷中手足無措，但他對孩子的關愛是實實在在的。

媽媽只是肉體沒辦法常伴孩子左右，但她對孩子的關愛，是無所不在的。

死亡常常來得措手不及，面對親人的離世，人通常會出現一連串複雜的反應。**在喪親初期，最常出現的痛苦，並不是憂鬱，而是對逝者的強烈渴求**。

就算在理智上，已經認知到親人過世不會再復返，但內心深處仍會渴望與逝者重聚，這種無法實現的願望，所帶來的痛苦與絕望，讓人深切地感受到自己在面對天人永隔時的渺小無助。「渴求再相見」（yearning）的渴望與失望，是哀傷過程中的典型特徵，也是與憂鬱症診斷之間，一個相當重要的區隔。

故事中，小哥哥寫在日曆紙上的思念，透過喪葬儀式中，拜拜的焚燒，傳遞給已在彼岸的媽媽，透露出對媽媽的思念與再相見的渴望，因為這樣的強烈心情，放大了他關注媽媽再現的細微線索。

我把小哥哥「媽媽好像回來看我」的經驗，視作「失去媽媽」這個主要故事中，不同基調的分岔點，循著這個分岔點，延伸創造出通往「和媽媽維持聯繫」的另一個故事，而且是更符合小兄妹期待的故事。因此，我鼓勵他們更刻意、具體地寫信給媽媽，一方面釋放思念的情感，另一方面，則是放大他們對於環境細微線索的注意力。

當心理師認同小兄妹將生活中某些細微的感知，詮釋為與媽媽的重聚，他們便更能「認出」現世中媽媽透過哪些象徵得以重現再臨，從而實現再相見的渴望。

在夢中與過世的親人再相會，對大多數的喪親者而言，是相當撫慰且珍貴的經驗。國立臺北護理健康大學的李佩怡教授[3]在研究中指出，對喪親者而言，**夢境是生者與逝者相會的「空間」，讓喪親者得以超越時空限制，再次與逝者相見**。夢，成了逝者往返此岸與彼岸的快捷高鐵。

這種「喪慟夢」，具有天生的療癒性，滿足了想再見一面的渴求，尤其是「探視夢」（visitations），當逝者回到家人的夢境中報平安，或是捎來預知訊息，這種體驗有助於解決縈繞心中的未竟事宜。比方「做得不夠」或「來不及做」的遺憾，讓生者多一個與逝者好好告別的機會。「持續連結」（continuing bonds）幫助還活在人世間的人，適應失落後的新生活，在過世親人的守護之下，努力走過哀悼的任務。

日有所思，夜有所夢，不僅能與媽媽在夢中再相見，滿足了思念，更透過小哥哥對於夢中訊息的詮釋，**將母親的過世，轉化為照顧普世孩童的大愛，完成最後的道別。他們在現實生活中努力適應媽媽已不在的新生活，同時也在心靈層面，帶著媽媽的守護與祝福，繼續長大。**

因為心理師的傾聽、允許孩子透過敘說整理思緒，讓接手承擔主要照顧責任的祖父母，理解孩子在哀傷適應上的努力，長輩們也打破了「壓抑情感」的應對方式，允許孩子表達情感需求。雖然，還未能跟孩子一來一往地好好討論生離死別的話題，但對於視死亡為禁忌的祖父母來說，已經是很大的突破，也讓整個家庭更能共同面對喪親的挑戰，從個人獨自舔拭哀傷，轉而為一家人、整個生活系統，共同面對。

孩子們將會與爸爸、祖父母、鄰里、師長等，建立新的安全依附關係，一起面對成長的挑戰與接下來的新生活。

3 《安寧療護雜誌》19卷1期（2014/03）P. 47-66。

認識自己的原生家庭

回想一下，在成長過程中，家中的長輩是如何因應困難或痛苦的情緒？當家中發生巨變時，家人之間是變得更為疏遠，還是更有凝聚力？

✷ 你的家庭氛圍，能支持彼此表達思緒情感、相互撫慰傷痛，還是傾向於遏止、壓抑、逃避那些痛苦的情緒？

✷ 這樣的氛圍如何影響家人之間的互動？你喜歡這種家庭情感流動的氛圍嗎？

✷ 理解原生家庭之後，如果你已開始經營自己的家庭，是否會想要創造一個不同的、更開放的互動模式？還是想要複製自己原生家庭的習慣，繼續傳承下去？

✷ 為什麼會有這樣的選擇？這反映了你對於「家庭」有怎樣的想像與期待？

請拿出紙筆或手機，根據這些問題的反思，開始進行自由書寫，並列舉幾個具體的行動，可以由你開始去實踐與示範，創造你所喜歡的家庭互動氛圍。

最後留下的那個人

每個人，都有獨一無二的人生

那個五十多歲的男人，骨瘦如柴，面容如同皮膚直貼住骨頭，就像我過去見過的無數惡病質（Cachexia）病人。外觀的改變，似乎沒有折損他的心靈，談到過去工作時跟同事之間的深厚情誼，面對公司裡的人事惡鬥，是如何全身而退，工作了三十年雖沒有平步青雲，但也混了個中階主管，讓他在經濟上、生活上，沒有後顧之憂。

言談中，聽得出他的知足感恩。

我問他：「你對自己的生命很坦然，即使一吃就吐讓你有點沮喪，但你還努力在想自己可以用哪些方法好好享受美食。在病痛中可以保持著希望、帶著笑容談這些事，真的是很少見的正向耶！你怎麼還會想找心理師？」

他帶著似乎是天生刻印在臉上的微笑，說：「心理師，妳知道嗎？我媽媽、我妹妹，都是在你們醫院過世的。」

他微凸的眼球倒映出我的白袍。

「現在輪到我了。我知道接下來這幾個月，該為自己做哪些思考與準備，但我不知道要怎麼跟我爸爸說。我沒見到妹妹最後一面，是因為那時候我在住院，我才不得不告訴我爸，我也正在治療癌症。當時，幾乎是讓我爸自己一個人，一個人承擔跟處理妹妹的臨終跟後事。他瘦了一大圈，老了好多。我媽走的時候，他還沒這樣……」

我多希望他哭，而不是帶著禮貌的微笑告訴我這些事。

才這麼想著，突然，他的眼眶湧出好多淚水：

「我想到要把我爸爸獨自一人留在人世間，就覺得自己好糟糕，怎麼可以拋下他讓他一再面對這樣的事情……」

他從喉嚨深處發出了硬生生壓抑下來的低吼聲：「難道我不想活嗎？我很想活啊！」

一旁的看護慌了，趕緊拿了衛生紙擦他的臉，急急忙忙拍著他的背，安慰他：「好了好了，別說了。你會好起來的啦！現在不是還在等基因檢測嗎？配對到標靶藥就可以醫了，不要想那麼多，一直哭對身體不好。」

她一邊說著，一邊用眼神跟手勢示意要我趕快離開。

年輕時候的我，大概會被病人突如其來的誠實情緒，還有看護大姐護衛主人的氣勢，嚇得不知所措，甚至落荒而逃。不過，現在的我，已經可以看得見情緒心思的流動，如同費倫[4]看得見賽莉耶魔力的搖晃一般。

我輕輕喊了他的名字，說：「你這一輩子，遇到好多愛你、幫你、保護你的人，連看護姐姐也捨不得你這麼傷心。我想，就是因為你為身邊的人付出了很多，才讓大家都這麼疼你、捨不得你。」

他收起眼淚，低著頭說：「對不起，我太失態了。」

我捏捏他骨瘦如柴的左手臂，跟他說：「沒關係喔！我是心理師，就是常常會把人家弄哭的。」

看護姐姐護主心切的氣勢軟了下來，退到床尾，拿了一瓶乳液，開始幫病人按摩腳。

他說：「心理師，下午堂弟會把我爸爸載來醫院看我，我很擔心我爸看到我現在

4 日本動畫《葬送的芙莉蓮》中的人類魔法使。

這個樣子，會受不了，等一下妳可以先跟我爸談一談嗎？」

這個堂弟，只小他兩歲，從小跟他一起長大、一起搗蛋、一起挨罵。長大之後，有幾年他們住在同一個城市裡，兩個單身漢常常相約出來打球、唱歌。幾年前，堂弟回鄉來創業，沒多久，娶了銀行裡負責他創業貸款的銀行員，這件事讓病人羨慕得不得了！也是他有生以來第一次當伴郎。

手機畫面上，兄弟倆喜氣洋洋的穿著合身西裝，他指著照片裡那個壯碩的胖子：「你看，我以前長這樣。」

「欸，你堂弟知道你的病情嗎？」我有點擔心。

「上次醫師解釋病情，我有約他一起來幫我聽，醫師走了之後，他一直哭。他這樣應該算是知道我的病情吧？」

這傢伙，居然可以嬉皮笑臉地講這樣的話。

我忽然想起一件不知道重不重要的事：「你剛剛說你很羨慕堂弟脫單，可是我們這樣聊下來，我覺得你是個很開朗很好相處的人，人緣也很好。五十幾歲都沒有結婚，是你自己的選擇嗎？」

他有點尷尬：「怎麼說呢？我以前工作的圈子就都是男的，認識女生的機會本來就很少。其實我也不是沒交過女朋友，不過就……我三十幾歲的時候，有遇到一個女孩子，也有認真考慮要共組家庭，不過、不過……」

他情緒有點激動，眼淚就這麼噴出來：「因為她大我八歲，我跟我爸媽介紹她的時候，他們反應很大，說絕對不會接受不能生的女人當他們的媳婦。不論我怎麼解釋，他們都聽不進去，而且還說如果我堅持要娶她，就要跟我斷絕關係，我……我……」

他哭得上氣不接下氣：「而且，他們當著我女朋友的面講這些，根本就是在羞辱她，我卻啞口無言，完全沒辦法保護她，我超沒用的！居然讓她承受這一切，沒辦法保護她……」

「後來、後來……她只留下一封信，說不要讓我為難，然後就消失了，搬了家，換了電話號碼，我連跟她道歉的機會都沒有……我覺得自己好沒用，這樣的我，還能給誰幸福呢？」

看護姐姐在旁邊拭淚，說：「心理師，我跟妳說，他手機桌面還是他那個女朋友的照片，他真的很愛她。」

天哪，這是什麼鄉土劇的劇情？這麼大的傷、這麼大的自責，他對爸爸除了放不下，會不會還有怨？

「如果爸爸跟你道歉，你會好一點嗎？」我思忖了很久，冒出這個好奇，也想知道父子之間還有什麼功課要做。

他忽然瞪大了眼，帶著怒氣激動起來：「不需要！我說，不、需、要！」

我有點嚇到，趕緊想緩頰，卻說不出一個字。

「那是二十年前的事了，他根本不會記得，而且，他當時說的那些，是他認為理所當然的事，他認為這是為我好，他怎麼會懂我受到的傷害？」

我輕聲問他：「你很努力站在他的立場，理解他為什麼要做這樣的事。但，這麼多年過去了，時間有沖淡一切嗎？你還會怨他嗎？」

他苦笑：「若不是妳問起，我本來打算把這件事就埋在心裡，帶進墳墓。現在這樣看起來，我還是會把它繼續埋回去。」

我有點尷尬，看看手錶，堂弟跟爸爸約定要來的時間快到了：

「你要我在這邊陪你等他們過來，還是我在護理站攔住他們，先聊一下，再帶他們進來？」

病人想一想：「其實都可以，不過妳先跟我爸和我弟講一下好了。讓我休息一下，我剛吐完，有點累。」

於是我離開病房，到護理站找了個位置坐著等他們，也請護理長幫我注意一下家屬什麼時候進來。

他堅定而憤怒的那一聲「不、需、要！」如一記迫擊砲直衝我胸口，讓我惴惴不安地沉思起來。

在安寧臨終照顧中，不只是心理師，所有在這其中的專業照顧者，都試圖在很短的時間內，與病人和家屬建立起信任的關係，在死神追趕的時間壓力下，加速推動這個人在僅有的生命期中，積極完成一些事、重新連結一些關係、減少一些遺憾。

我們難免會用這段時間得知的少少背景資料，去腦補想像，或是把他放進社會期許的常態框架中，去設想眼前這個人過去一生的樣子、猜測他可能想要圓滿的遺憾。然後推著他快快搭上「道謝、道歉、道愛、道別、寬恕、解怨」這班快速列車，在死亡前，完成這些重要的情感任務。

這六個情感任務，在末期病人的安寧照顧中，有點像諾貝爾經濟學獎得主丹尼爾・康納曼（Daniel Kahneman）的經典名著《快思慢想》中，快速決策、直覺、不多耗費腦力，且自動化的「系統一」；也有點像霍格華茲魔法學校裡的分類帽，透過有限的線索，讓我們能有效率地知道該把這些哀傷而無助的家庭，以及他們帶來的故事，往哪個方向推進。總之，找到關於遺憾的一個線索，趕緊提出建議就對了！

每個人，都有獨一無二的人生，每個家庭，也都有獨一無二的故事與傷痕。就像《快思慢想》中，也有個「系統二」，要細細、慢慢、按部就班，理性分析，思考衡量，計畫行動，這比「系統一」的運作要來得耗神費力許多，但自然也會更為精準且客製化。

在工作中，我時常提醒自己，也提醒醫護團隊的夥伴，帶著善意的執意協助，有時候可能只是自以為是的體貼。當不夠了解這個人、不夠體會這個家庭過去幾十年來累積而成的互動習慣與價值觀時，想要快速指引方向，難免會遇到「好心被雷親」、「熱臉貼冷屁股」的尷尬。

我們都要適度允許自己，退開一步。

畢竟，相伴前行的時間有限，「不解決」也可以是一種解決方式。重要的是尊重當事人的選擇和智慧，因為他才是自己的專家，他才是貫穿這個生命故事的主角。

在與病人第一次「交淺言深」的會談中，他選擇告訴我心中的傷痛與怨，再埋藏起來，即使這未解的遺憾與心結如此煎熬，但他早已決定不與父親翻舊帳，也無須解怨，為的是減少對父親可能造成的傷害。畢竟，「白髮人送黑髮人」已是人生至痛，老父又是這個家中陸續送行妻兒的最後倖存者。解怨之前翻出舊帳，一一對質，何其殘忍？

他長期以來，以疏離與隱瞞的方式，保護自己不再受父親以關愛為名的控制與傷害，但父親說不定也因為兒子的莫名遠離，而滿腹疑惑、感到受傷。

現階段，他願意與父親再次相見。能撫慰父親，好好道別，是他最在意、最重要的事。那麼，還有什麼方法可以繞開這個怨，讓父子倆相互和解、再次擁抱彼此，成為支持著老父親未來獨活下去的心靈力量呢？

有哪些真心話想和家人說

你和家人之間，是否有某種相處上的默契？會不會像此案例中的病人一樣，為了順服家人，而選擇隱藏自己的真實感受與立場？

有時候，為了保持表面和諧的關係，難免有意無意地避開那些禁忌話題。「不說破，對彼此都好」，但也可能造成關係中的疏離或困惑。請想想看：

✺ 這些不能明說的心結，如何影響家人之間的關係與你當前的生活？

✺ 這種「不說破，對彼此都好」的溝通與相處模式，是否形成一種人際習慣，外溢到其他的人際關係上？

✺ 如果面臨生命的最後時光，你會想要解開這些心結，坦白表達自己的想法，爭取家人的理解嗎？

請拿出紙筆或手機，把這些想法寫下來。體諒他人和保護自己同等重要。接下來，你會採取哪些具體的行動，或調整自己的心態，來達到自我平安與人際和諧之間的平衡？

我在護理站左等右等，好幾次擋住護理師推著行動護理車經過的動線，就像一個移動路障。當路障的時光真的是度秒如年。

我一邊等著，一邊想，如果二十年前的他，克服萬難跟大他八歲的女朋友修成正果，我現在可能還要面對另一個「白髮人送黑髮人」的哀傷；抑或是，這二十年來，如果他跟心愛的女人一起生活，會不會根本沒機會得癌症？

胡思亂想一陣，終於，我看到一名中年人用輪椅推著一位胖胖的老先生進入病房區，護理長眼明手快地確認他們的身分：「您好，請問是哪一床的訪客呢？」

我趕緊上前自我介紹。

老先生，與其說他胖胖的，靠近一看才發現他的四肢水腫得明顯，嘴巴裡咿咿呀呀地說些什麼。

我聽不懂。

堂弟對於半路殺出一個心理師，也有點訝異，我趕緊告訴他，我是受到病人的委託，要先讓老父親做好會面前的心理準備。

堂弟點點頭，跟我說：「我阿伯有點重聽，妳大聲一點慢慢跟他說會比較清楚。」

我俯身靠近老人家耳邊：「阿伯，我是心理師，你兒子要我來帶你過去，看看你有沒有什麼問題要我去問醫生的？」

阿伯又咿咿呀呀起來，這次我勉強聽懂了。他想知道兒子是不是已經可以吃得下，因為上個月見面時，看他瘦那麼多，很擔心。

我說：「他肚子塞住了，一吃就吐，不過醫師有用比較厲害的營養針幫他補充。他有比較瘦，可是精神跟心情都不錯，剛剛跟我聊天聊很久喔！他怕你看到他瘦了會太擔心，所以要我先來跟你講，請不要擔心。」

阿伯咿咿呀呀，手勢比著要趕快走。我想，好像再多解釋什麼也無濟於事，就領著他們兩個進了病房。

病人看到老爸爸，馬上堆起滿臉笑容，硬是從床上坐直了身子。

我也硬是把老爸爸的輪椅，塞到病床旁邊，只想讓他們父子倆更靠近一點。

病人笑著問爸爸，最近吃得好不好，有沒有坐車去遊覽？

老爸爸一臉擔憂，問兒子，最近吃得好不好，怎麼又更瘦了？

兩個人面對彼此的尷尬，各自在生硬的肢體語言上展露無遺。爸爸的手，輕輕抬起，又放回自己的腿上，這麼來回了幾次；兒子的手，下意識地絞扭著被子、鬆開、再扭緊。

我受不了了，一個箭步上前，一邊一個，拉起兩個人的手，放在一起，說：「阿伯，光看臉的不準啦！你自己摸摸看，看你兒子是不是真的有變瘦！」

老爸爸順勢緊緊掐住了兒子的手。

病人說：「哇！爸爸，你的手好熱喔！」

我說：「對啦！阿伯，你要給他很多溫暖喔！」

老爸爸忽然像聖誕老公公那樣，呵呵呵笑了三聲：「要多少溫暖，我都給他。」

病人轉向堂弟：「我爸好像胖了。」

堂弟笑瞇瞇地說：「現在晚上我都叫他過來跟我們吃，我老婆煮的好像很合他口味。」

三個人開始話家常，聊起這兩兄弟小時候的趣事。老爸爸談到兒子跟女兒從小就很乖，沒讓他擔心，只是兒子太活潑了，小時候把公媽廳的神桌撞斷一支腳。

病人滿臉問號：「咦？我有嗎？」

堂弟一驚，馬上自首：「是我吧！」

老爸爸也很疑惑：「可是阿嬤說是你耶！我還想說你真厲害，居然都沒受傷。所以我也沒找你算帳……」

病人笑著對堂弟說：「你看看，我居然幫你揹了四十幾年的黑鍋，現在才終於還我清白。」

大家不禁笑了起來。

老爸爸繼續跟我說：「他啊！從小就很乖，讀書、生活都不用我們擔心。他這輩子唯一一次的叛逆，就是大學填志願的時候，我們都叫他去讀師範，結果他居然念工程，在工地跑來跑去也太辛苦了。」

啊，老爸，你忘了當年斬斷姻緣的那件事了？還是，當年那個年輕人並沒有向父母抗爭，就這麼放手屈服了呢？

但我記得病人的叮嚀，還是回到我心理師在現場該有的專業，回饋他：「你真的很以他為榮，也很捨不得他受苦，你真的很愛這個兒子。」

病人忽然把手抽走，在臉上抓癢了一陣，老爸爸眼明手快，又把兒子的手拉回來牽著。

我問病人：「上次你跟爸爸牽手，是什麼時候的事？」

病人笑說：「哦，這可久了，差不多是三、四十年前了吧。」

「難怪爸爸好不容易牽到你，就捨不得放開啦！」

我發現病人硬撐坐著的時間太久了，趕緊走到他身邊，悄聲問他要不要把床頭搖高，讓背有個依靠，會輕鬆一點。他在父親面前還是很逞強啊！

一邊幫他調整姿勢，一邊聽到老先生說：「我很想見他啊，可是以前他都在北部，我沒辦法自己去找他，就算知道他生病住院，也只能擔心……」

關於父子倆過去的衝突與傷，多年來的南北相隔，或許正是他保護自己的一種物理方式。而他現在決定回到父親身邊，為的不是落葉歸根，似乎是想滿足父親對他的殷殷期盼，這是他最後的心意了吧？

想到這，我有點心疼他：「阿伯，現在兒子回來南部，你們要見面就方便多了。今天也講了很久，你如果累的話，可以先回家休息，禮拜六再看堂弟有沒有辦法載你過來啊。」

老先生說：「我是不累，我比較擔心他會累。你看他小時候那麼活潑，還撞斷神桌的腳，結果現在……」

在場所有的人，忽然異口同聲地齊喊：「不是他啦！是堂弟啦！」

老先生有點委屈地說：「阿嬤就說是他啊……」

大家笑了起來。

病房裡的氣氛變得有點歡樂，過去權威至上、掌控一切的父親，在此刻，轉而變為犯錯的孩子，在大家歡快的笑聲中，長達半世紀的誤解，被輕輕地寬恕了。

當時被撞斷桌腳的神桌上供奉的祖先神明，還有口誤的阿嬤，似乎也在那一刻，跟著我們一起在病房裡呵呵地笑著。

跟家庭一起工作，最有趣的地方就在於，療癒常常出現在意想不到的地方。有時候是淚水，有時候是幽默，有時候是一個荒謬的情節。

專業的醫療助人者們，無法強迫病人與家屬直視痛苦的傷口，動手清創，因此在人與人之間的交心與信任感的基礎上，更須留意有沒有什麼可以輕推一把就促成的親近與情感表達。**比方讓隔閡許久的父子倆，再次牽起彼此的手，或許就是邁向和解的第一步。**

病人意識到父親的病弱，已無法再像過去那般權威掌控，他也無需再逃，就這麼乖乖地回到了父親溫暖的五指山下；而剛毅傳統的父親，滿足了對兒子的思念，緩和了自己屢屢送行家人的悲涼感。

即使是因為疾病與臨終才讓他們重聚，但屬於這個家的點滴回憶、幽默、包容，在這樣溫暖的氛圍中，自然而然被喚醒，可以說、可以笑、可以盡釋前嫌。

至於未解的怨恨、深埋的遺憾，雖然從未消散，但就在這個家庭一一回想起的多樣繽紛故事線交織當中，好像也就不那麼鮮明，默默地退到背景布幕去了。

> 「**問題無法被解決**（solved），**而是消融**（dissolved）**在豐盛的故事線當中。**」

這是敘事治療哲學中，相當重要的一個概念，也是扶持我在生命末期的心理照顧中，不至於陷入徬徨無助的指北針。

當我在病人的故事中，發現家庭的結與怨，一心想要推動「解怨」時，我的注意力很容易被那些與「怨」有關的故事所吸引，甚至當「怨」被遺忘忽視時，還會感到惋惜。這種選擇性注意力，無形中讓我忽略了，同樣在這個家庭與家族代間脈絡中，還有種種多元的可能性，與羈絆著他們一家人的豐厚故事。

把視角從「解怨」的目標上移開，就能看見這個家的力量，不只來自於直系血親間的倫常責任，還有堂弟與堂弟媳在情感與實質生活上的照顧。甚至是故事裡出現的阿嬤、神桌上祖先神明的默默包容，有好多家人們一起守護著；而父親在掌控保護的霸權角色之外，也有著以兒子為榮的得意，以及想親近卻被推開的失落心情。

在今天這場會面中，這些珍貴的點點滴滴，都浮出了水面，值得一一被說成故事，聊出意義，也成為父子間破冰重聚之後，送給彼此的珍貴禮物。

如何與不合的家人相處

即使同為一家人，還是難免會有各自的堅持與習氣。不知道你是否曾經有過「要不是跟他是一家人，我根本不想跟他相處！」的想法呢？

但你終究找到了跟這位惱人家人相處的方法，或許是實質上的保持距離、避免接觸，也可能是心理上的隔離，減少他對自己的影響力。但也有可能，你硬撐下來，忍耐著每次跟他的交會。

請你想想看，並記錄自己的想法與心情：

✺ 你用哪些具體方式和這位惱人的家人相處？

✺ 在這個家中，有哪些你所珍惜或在意的事情，促使你下定決心這麼做？

✺ 長期以這樣的模式相處，對你的生活與心情產生了哪些影響？

✺ 你可以接受目前的整體狀態嗎？為什麼可以或不可以接受？這些原因，反映出你對於家庭氣氛，有怎樣的價值觀與堅持？

請拿出紙筆或手機，把這些想法寫下來。經過一連串的思考之後，你對於自己、對於這段關係，有哪些新發現？這些新發現會促使你在生活中，進一步再去多實踐一些什麼？

留下這封信
請你
留在人世間

「死亡」是「過渡」，讓經歷過這一切
的人，可以重新體會愛

我正在臺北參加研討會，手機響了，是醫院裡癌症資源中心[5]的護理師打來。

「維君學姊，這邊有個家屬，說她先生過世之前，有心理師幫他寫了一封信，家屬想要來問那封信的事。」

「你等我一下，我現在在聽演講，先讓我走到外面，等一下讓我直接跟家屬說。」

拎著包包，拿著手機，我翻山越嶺經過演講廳一整排的聽眾，走到外面的門廊上：「好了，你請家屬接電話吧！」

話筒轉了個手，被另一個人接起來，我只聽到沉重又急促的呼吸聲。

她似乎欲言又止，說不出話來。

我用臺語輕聲問道：「妳是阿福伯的太太嗎？」

話筒另一頭那位年長女性，忽然哭出聲音來，我靜靜聽著，不知道過了多久，她說：「出院的時候，護理師說，阿福請妳寫信給我，那封信，到底是怎麼來的？」

5 癌症資源中心為衛生福利部國民健康署補助「癌症診療品質提升計畫」醫院所成立的癌症資源單一窗口服務。提供各項與癌症治療、照護相關的服務資訊，也可由中心視病人的需求，媒合院內外相關專業服務，包括心理諮商、社會福利、營養諮詢、術後復健、假髮租借等。並協助病友與院內各團隊溝通，協助維持癌友及其家庭在治療期間的生活品質。

三個月前的某一天，我走進那間死氣沉沉的單人房，只有阿福伯一個人躺在病床上，兩眼發直地盯著天花板。

我跟他道早安，聊聊天氣。他只有「嗯」了一聲，沒多搭理我。

我彎下腰，輕聲問他：「阿伯，不好意思，我這樣來找你講話，會不會打擾你休息？還是你想要我在這邊陪你一下，跟你講講話？」

床上的被子動了動，從裡面緩緩伸出一隻乾枯的手。

阿福伯的手輕輕按在我的手上，然後指指旁邊的椅子，他有氣無力地說：「妳坐，看妳要跟我說什麼，說吧！」

坦白講，我還真沒想到劇情會這樣發展，腦袋一片空白。我把椅子拉近床邊坐著，換我拍拍他的手，問：「阿伯，你老婆呢？」

阿福伯因為惡病質而乾枯瘦弱的臉，似乎眼皮也失去了張力，眼球顯得好大、好圓、好突出。乾癟的眼眶，汩汩滲出淚水。

我有點慌張，難道我說錯話了嗎？

偷瞄了一下剛剛查閱病歷抄下的筆記，他的主要照顧者是妻子沒錯啊！

「她說如果我走了，她也要去自殺，她要跟我一起走。可是我知道我已經快不行了。我好怕我撐不下去，她也沒辦法好好活著。這一生，我答應她的事，從來沒有失信過。只有這一次，我真的沒辦法、我沒辦法跟她白頭偕老、我沒辦法保護她一輩子⋯⋯」

他的眼淚掉個不停，哭得上氣不接下氣。

我拿了床旁桌上的衛生紙，仔仔細細擦著阿伯眼角、臉上、脖子上的淚水。

「你們真的很相愛，你也真的很放不下她。」

我試著同理阿伯的心情，讓他知道，我在努力靠近他。

阿伯被淚水沾濕的大眼睛，盯著我看：「我從來沒跟她說過我愛她，可是她是我一生中最重要的人，我總是想，為了她，付出性命我也甘願。」

「她為了我，為了這個家，為了我們的孩子，付出了那麼多。我也跟女兒交代，以後要好好照顧媽媽，我走了，她只剩下女兒可以靠了，可是⋯⋯可是⋯⋯」

他又哭了起來：「我要她好好活著，我不要她為了我去自殺。如果我走了，她也走了，這個家，我們守護了一輩子的家，我們在一起三十幾年的家，真的就沒了……」

我繼續擦著阿伯的淚水，輕聲問他：「這些話，你有跟她說過嗎？」

阿伯搖搖頭：「她不要聽，她都說我會好、不要想太多，她說如果我不認真努力活著，她就要跟我一起走。」

「你真的很擔心心愛的妻子會走上絕路，你不要她這樣，你要她好好、勇敢的活下去，像你這段時間努力治療一樣，勇敢活下去，是嗎？」

阿伯含著淚，點點頭。

我用力握了握阿伯瘦弱的手：「要不然，我們一起來寫一封信，把這些心聲寫下來，告訴你太太。無論你未來在或不在她身邊，有一封信，告訴她你的心意。這樣好嗎？」

「可是，我已經沒有力氣了，也不知道要怎麼寫。」

「那這樣好不好，我把你剛剛跟我說的這些，寫成一封給你老婆的信，然後我寫好之後給你看過，讓你在信的下面簽名，證明這是你的意思。」

「小姐，謝謝妳，拜託妳了。」阿伯點點頭。

剛剛的真情告白似乎真的讓他累壞了，他閉上眼睛，不久，便沉沉睡去。

我火速趕回辦公室，振筆疾書，希望能將阿伯的心意、祝福、掛念，都讓他太太知道。

塗塗改改，這封信寫了將近一個小時，終於完成了。

好不容易找到一個粉紅色的信封，小心把信折好，放進去。

信封上寫著「給愛妻」。

大功告成這封信，我快馬加鞭地拿回阿福伯的病房裡。太太還沒回來，但阿福伯有點叫不醒了。我輕輕拍他的肩膀，喊他的名字，他似乎奮力想睜開眼，卻又陷入沉睡。他剛剛，明明還跟我說了那麼多的話啊！

我有點慌，把那封信塞在阿福伯的手裡，趕緊去找當班的護理師，跟她交代說，阿福伯跟我一起寫了一封信，是要給他太太的，等他太太回來病房，請護理師幫我跟她做說明。

當天夜裡，阿福伯走了。

我一直掛記著，信有沒有到太太手上？阿福伯的太太還好嗎？

有次在電子媒體上看到１０４希望基金會「Be A Giver」運動中，吳念真導演的〈感謝先生〉篇，談到他兒時村莊裡替人讀信、寫信的「條春伯」，如何在訊息的轉達中，運用知識與情感，去催化彼此間的愛與體諒，與條春伯的相處，也影響了吳導，不僅成為一位「說故事的人」，更透過故事去幫助、影響大眾。

在陪伴善終的工作中，臨終者能與家人彼此道謝、道歉、道愛、道別，這「四道人生」，可說是所有安寧療護工作人員的使命。

可惜的是，即使醫療人員再怎麼敲邊鼓，努力引導病人與家屬彼此敘說、傾聽，往往會因為這樣的對話，讓人意識到死亡的迫近，誘發了強烈的悲傷情緒，而難以在病人還清醒時，與家人面對面完成這四道。多半是在病人已經臨終彌留時，家人才有辦法把悲傷不捨轉為祝福，自發性地或是在我們的引導下，向即將啟程前往彼岸的家人，好好敘說這一生的緣分。

許多末期病人對自己的餘命期有很直接的感知，因此，他們向家人表達心意的意圖是很強烈的，但常會像故事中的阿福伯一樣，一開口，就被家人打斷。反而是沒有情感羈絆的臨床醫療人員，才有機會聽到病人對家人的愛、不捨、牽掛，與祝福。我總覺得：

「這些心意，不是說給我聽的，那些陪著他走了一輩子的家人，才是真正需要聽到這些話的人！」

以往我會徵得病人的同意之後，伺機口頭轉達給家屬。但口說無憑、言語如風，這些滿溢的愛與掛念，如果能像拍照一樣凍結當下的時空與回憶，不知道該有多好！

因此，鼓勵病人留下隻字片語，或由我像條春伯一樣，把這些話語及情感化做文字，留存下來，我相信，終究能成為充滿祝福的禮物。

寫一封信向家人道謝

「親近生侮慢」，在人際互動中，傷得最重的往往是最熟悉的那個人。尤其像家人這樣親近熟悉的關係，似乎不用太客氣、太尊重，付出變得理所當然，感謝或相愛的情感也變得模糊起來。通常需要詳加辨認，才能重新肯定愛的存在。

試試看從道謝開始，重新練習情感的表達。以一個具體事件或對方特質為出發點，向對方表達你的感謝。

用以下的例句為結構，寫一封短信（實體或電子訊息都好），向你重視的某位家人，表達心中的感謝之意。

✷「謝謝你在——（明確的情境，例如，失戀時、生病時）時，為我做了——（具體的行為，例如：為我備餐、允許我哭）。」

✷「這件事讓我感到——（描述感受，例如，被愛、被支持、很溫暖）。」

當你跨出情感表達的第一步，將道謝化為語言或文字，接下來，請試著表達愛與重視。以下的例句作為參考架構，會比較容易開始：

✻「在我心中，你是——（對方的重要性，例如：給我溫暖的人、重要的依靠）。」

✻「我特別珍惜我們一起——（共享的時光，例如，邊煮飯邊聊天）的回憶，那讓我——（描述感受，例如，感到幸福、有安全感）。」

這個練習可以逐步讓你與家人認出存在這個家中的情感連結，並開始養成道謝、道愛的習慣。一開始可能會相當尷尬，但一回生、二回熟，當這些情感表達變成家人互動自然流露的習慣時，會有更多的正向互動被認出、被強化，自然能減少在互動中受傷的機會。

那封由我代筆的信，是這樣寫的：

阿鳳，我的牽手，

結婚那天，我答應妳爸爸，要保護妳一輩子，請他放心把女兒交給我，我就一直努力，要當妳的山，永遠不會倒，讓妳可以依靠，要跟妳白頭偕老。

妳是我一生中最重要的人，我總是想，為了妳，付出性命我也甘願。

因為我的病，讓妳又累又憂愁，我很捨不得妳，也很對不起妳。尤其妳說，如果我走了，妳也要自殺，我很害怕，如果這樣，我們守護了一輩子，在一起三十幾年的家，真的就沒了。

為了我們的女兒、我們的家，妳要好好活下去，絕對不可以去自殺。

妳為了我，為了這個家，為了我們的孩子，付出了那麼多，我都知道，謝謝妳，有妳當我的牽手，我真的很幸福。

愛妳的老公　阿福

其實，這一天在研討會中接到的電話，是阿福伯的太太第三次從醫院打電話找我，問我相同的問題。

第一次是阿福伯善終出院的隔天，第二次是大約一個月後。

這一天，他們剛做完阿福伯的「百日」，太太的心裡頭或許又被觸動了些什麼，所以想要再次跟我確認。

還好，我找到了一個謐靜的角落，可以好好跟她說：

「那一天，我去阿福伯的病房裡，只有他一個人在，我陪了他一下，他跟我說，他很擔心妳，因為妳一直跟他說，如果他走了妳要去自殺。他希望妳不要想不開，為他繼續守護這個家，跟女兒一起好好過下去。」

太太跟前兩次打電話來，說了一樣的話：「我知道他擔心我，他有勸我不要自殺，但是信裡面的那些話，他從來沒跟我講過。」

我說：「對啊，阿福伯也說，很多心裡話，他對妳開不了口，可是那天我慢慢問他，那些話，都是他親口說出來的。然後我跟他說，這些話很重要，不能只有說給我聽，要讓太太知道，所以他才同意我把那些話記下來，寫成一封給妳的信。我寫好之後，本來那天下午要拿給他看、念給他聽，讓他簽名的時候，他就叫不醒了。」

「因為一直沒有遇到妳，我也擔心沒辦法當面跟妳說，怕妳會不信，所以才請護理師幫我轉達，也有放一張我的名片在裡面，妳有問題都可以打電話來問我。」

太太在話筒那一頭沉默了半晌，才慢慢地說：「因為我根本就不相信那會是他寫的信，字跡也不是他的，所以那個信封我打開看一眼，就全部被我丟掉了。那封信是被我女兒撿回來的。每次我說我要跟著阿福去死，女兒就叫我看那封信，可是我根本不信，女兒才叫我打電話問妳。」

難怪，她之前兩次是透過護理站打電話給我，這一次則是到門診的癌症資源中心，請同事找我。沒直接打電話找到我，原來是只有這封信被女兒搶救回來。

「小姐，不好意思，一直問妳一樣的事。每次聽妳講完，我就覺得那些話真的是他要講給我聽的。我很想他，痛苦到想要跟他一起去的時候，女兒就叫我讀那封信，跟我說：『爸爸要妳留下來照顧我，妳不要去自殺，這樣我就變成孤兒了。』可是，沒有他，我真的不知道該怎麼活下去……」

「阿福伯真的很了解妳，也很掛念妳。所以有好多心裡話，要留給妳，或許他希望，妳連他的分一起好好活下去，幫他看看這個美麗的世界、幫他當女兒婚禮的主婚人、幫他一起抱孫子。這些他做不到的事情，妳要幫他去完成。」

太太在電話另一頭哭了起來：「小姐，謝謝妳、謝謝妳。」

我緩緩地說：「阿姨，如果之後哪一天，妳又不相信那封信了，請不要客氣，打電話給我，我會再跟妳講一次那封信是怎麼來的。妳要不要抄一下我的電話？」

她吸了吸鼻子，說：

「沒關係，謝謝妳，這應該是我最後一次打電話問妳這封信的事。其實，我一直都知道阿福的心意，只是沒辦法接受他拋下我自己先走。」

「這段時間，看到我女兒為了鼓勵我，也憔悴好多，我才發現，阿福給了我全世界。他走了，原本以為我的世界也會跟著他消失，但其實並沒有。我們一起養大的女兒，我們一起蓋的房子，一起去旅行拍的好多照片，還有他最後留給我的這封信，我要為了他，好好守護他送給我的全世界。」

聽她這麼說，我鬆了好大一口氣，心裡頭暖暖的，眼角也濕濕的。

誰說「死亡」就是關係的終結？或許，「死亡」是個「過渡」，讓經歷過這一切的人，可以重新體會愛、認識愛，讓亡者留下來的禮物，繼續延續下去。

「百日」指的是親人離世後滿一百天，又稱「祭十殿閻羅」，這一天的祭祀禮儀俗稱作百日。百日與對年（過世滿一年，也是第一個忌日），是臺灣禮俗上送別亡者最重要的兩個日子。

如蔡佩真教授在〈華人家庭關係脈絡中悲傷表達模式之探討：以臺灣經驗為例〉[6]一文中所言，以喪親標定的特殊節日，如百日、忌日，讓文化上習慣公領域盡量不影響他人、情緒自持內斂的華人，有一個合理展演哀傷的舞臺，許可喪親者透過儀式、聚會，交流與表達內心的思念與哀傷。

在我的臨床經驗中，許多家屬在祭拜亡者的禮俗儀式之後，會感受到滿溢的哀傷情緒，就好像被日常禮節壓抑許久的情緒，一被許可展現，就傾巢而出。當意識到自己沒辦法承受這些悲傷情緒的傾洩時，在親友的關懷與鼓勵下，往往會更願意在此刻去尋求額外的支援與協助。有些人會尋求宗教的慰藉，有些人會大醉一場，有些人則

6 《臺灣心理諮商季刊》p.16-38。

選擇心理專業資源的協助。

阿福伯的太太三次打電話給我的時間點，也反映了她在消化喪夫哀傷的過程中，透過民俗儀式一次次強迫自己接受死亡的事實，感受哀傷的痛苦。

當哀傷滿溢，誘發她原本埋在心裡的終極計畫「自殺」時，除了身邊家人、親友的愛與支持之外，如果能有一些實際的材料，能與哀傷者心中的悲慟對話，讓痛苦的心情與思緒得以轉化成——

「我要為他活，而不是為他死。」

更能支撐她捱過這段適應新生活的時間。很幸運地，這一封被女兒搶救回來的信，真的成為她在哀傷汪洋中的那根浮木。

寫一封信向家人道歉

透過上一個習作中的表達練習，是否有更多的心情湧現出來？

如果你們曾有未解的誤會，或是過往的互動中，你曾因對方的言語或作為受到傷害，試著表達你的想法、需求或歉意。

參考下面例句的句型，套入你們過去的糾結，寫成一封短信：

✺「之前我們——的時候（具體的人、事、時、地、物，例如：考大學時，你硬要我填我不想要的科系），那時候我覺得——（說明自己當時的狀態），我可能讓你感到——（描述對方可能的感受，例如，失望、生氣）。很抱歉我讓你失望了。但希望你也可以了解我想要怎麼為我的人生努力——（說明自己的規畫與想法）。」

✺「希望未來我們能——（對未來相處的想像，例如，聽彼此把話說完、相互尊重與支持）。」

✺「謝謝你出現在我生命中，無論未來如何，我都希望你知道——「（對對方的心意，例如，我愛你、我會挺你）。」

透過這樣的練習，試著將那些說不出口，卻真實存在的愛與珍惜，寫成一封見證情感的信吧！

遺憾的麥當勞

重新認識愛、重新認可自己出生
在這個家中的重要性

一直到禮拜四，我還在努力清空前幾天的病房照會。下班前的最後一個個案，是一個大學男生。

內科的專科護理師跟我說：「他的應答方式，就是個執拗的屁孩，淨講些有的沒的，可能會很難會談哦！」

「他這個月初才診斷出罹癌，就已經全身多處癌症轉移，沒有積極治療的空間了。他現在很瘦，連自己下床的力氣都沒有，如果硬是要治療，可能會死得更快。積極抗癌治療跟安寧的利弊都告訴他了，但他不知道為何，就是堅持要積極治療，不願意接受以症狀控制為主的緩和醫療，這樣接下來他會很辛苦……」

第一次到達病床邊時，看護阿姨正在幫他換尿布，我默默退出，先去護理站寫我積欠的其他會談記錄，半小時後，再進去看他。

多麼青春的生命，身體的樣子卻是我之前還在安寧病房工作的時候，再熟悉不過的乾瘦、腹脹、眼凸的惡病質狀態。

我一邊衡量屁孩可能的孤獨、自傲、阻抗，緩緩自我介紹與說明來意。

很意外地，他沒有太多遲疑，開口告訴我，從高中時期他就有極端厭世的想法。「我的世界，好像所有事物都一直在崩壞」，因此當自己的身體開始出現異狀時，他認為是宇宙回應了他的厭世訂單，便決定把它當作自我終結的道路，刻意不去處理、刻意對身邊所有人隱瞞。

直到今年，他明顯暴瘦了十公斤，家人、師長、同學，都注意到了他的變化，關切問他，他卻仍守口如瓶，直說：「我很好、我沒事。」

即使他知道自己的病容已經相當明顯。

我說：「當你知道死亡真的來到眼前，你卻轉變態度了。」

他哭了：「對，我變了很多，我發現家人也變了很多。原來，他們把能給我的一切都給了我！原來，我不只是一個工具，他們是真的愛我的。」

我說：「你也發現自己真的很愛他們，你現在好珍惜可以跟他們一起生活的時光。」

他的眼淚流得更多了，虛弱地點頭：「我好想趕快把治療做完，趕快回家。」

我說：「在這之前，你從來不知道自己會這麼想家，這麼想跟他們在一起，是嗎？」

他一邊點頭，一邊流淚。

我擦了擦他臉上的眼淚，問他：「你有沒有想做的事情？我聽護理師說，你想吃麥當勞？」

他愣了一下：「其實我沒有食慾。只是，麥當勞對我來說一直是一種很奢侈的食物，如果可以許願吃什麼，那我想再吃一次麥當勞。我帶了電腦來，原本想在住院的時候，把學校的報告做一做，沒想到我連坐起來的力氣都沒有了……」

我問：「你是什麼系的？我說不定可以找到適當的人跟你一起做報告。」

他搖搖頭。

我說：「原本你那麼厭世，什麼都不重要。現在這些點點滴滴，都變得好值得珍惜，難怪你說你變了很多。」

他看起來很疲倦，但仍努力打起精神看著我的眼睛，淚光閃閃，然後眼皮瞬間沉重，又努力撐開。

我問：「你看起來很累了，我明天再過來看看你。你也可以想一想，有什麼我們可以幫忙的事情，畢竟現在防疫期間，你家人不方便進來探病。」

他點點頭。然後我們互相揮手道別。

從頭到尾，他都沒有明說家裡到底發生了什麼事、哪些人讓他的世界崩壞、崩壞前的世界是什麼樣子。但最後他微弱的「謝謝」、眼角的淚光、揮揮瘦弱的手與我道別，我多麼想讓他知道，在疾病與死亡跟前，他還來得及感受到愛，還來得及知道自己值得很多、很多的愛。

隔天一早，我掙扎許久，最後決定在送兒子上學之後，直奔和醫院完全反方向的麥當勞，買了雞塊跟薯餅。前往醫院的路上，我還忖度著，要不要多買一罐冰冰的麥香紅茶給他。

刷卡上班，我遲到了。

匆匆換上工作服，拎著麥當勞的袋子，衝去他的病房，看見他的床空了，乾乾淨淨的。

他，不在了。

我呆呆看著手上的麥當勞紙袋，好像老天爺開了一場大玩笑。昨天那半個小時的會談，難道只是一場夢嗎？

事後從社工師那邊知道，他的成長過程，有如文國士《走過愛的蠻荒》的翻版，父母都是精神病患，雖然盡可能提供他一個遮風避雨的家，卻因為病情不穩定，父母不時會有行為的暴衝、情感的混亂、口語的威脅，有時卻又完全依賴他來照顧、餵食、更衣。

努力長大的他，從小就得獨自面對家中不定時的風暴，成長過程中充滿著困惑與動盪，不時要成為照顧父母的大人。從小就「親職化」的他，不確定什麼是愛、不確定自己是否值得被愛，只能努力偽裝得「正常」、「獨立」，盡可能低調地融入校園生活中。不被關切，才不會被師長、同學，發現家裡的祕密；隱形靜默，才不會被嘲笑、被霸凌。

他，抹去真正的自己，苟延殘喘地活著，卻也否定自己活著。

然後，他在疾病的跟前，面向刺目扎眼的死亡，終於認出了蠻荒下的愛，想念那個風雨飄搖的家，卻再也回不去了。

在與他會談的當下，我感受到極大的情緒張力。一開始，我努力跟隨他的狀態，進入一種緩慢而沉重的困頓感。很感謝他願意在這麼短的相會中，說出深藏在心裡、獨自背負了二十年的苦與悲，似乎終於願意握住旁人伸出的援手。

成長過程中，家庭內情感與互動關係的混亂，讓他無法建立起穩定的情感依附與自我概念，從而輕忽自己的存在，產生了厭世與自毀的意圖。然而，死亡威脅當前，激發了他求生的本能，也瓦解了一直以來硬著頭皮，孤單面對生命困境的所有武裝。

躺臥在病床上，連屁股的乾爽都要仰賴他人協助，更別說是拿出電腦，完成學校的報告了。身體的衰弱，由不得他任性自主，但也多了好多靜心思考、感受、梳理內心世界的時光。

當注意力由努力偽裝正常、排拒關懷、掩飾脆弱，漸漸轉移到渴望家人到訪、願意接受醫療人員與師長的協助。終於打開的心門，讓他在情感層面接納了家人對他的道歉、道愛，他才意識到，父母這些年來，努力治療、努力回歸社會、努力維繫這個家不至於潰散。或許他的父母跟其他人不同，但他們在僅有的資源中，把孩子養大，讓他有足夠的能力為自己做選擇，上了不錯的大學，創造出不同的人生。

「原來，他們把能給我的一切都給了我！」

他在臨終前，重新認識了愛、重新認可了自己出生在這個家中的重要性。

身為臨床心理師，雖然無法逆轉他的病情，但我伸手接過了他這一生背負在肩上的沉重，為了感謝他願意把這些傷與痛交託給我，我想要再多疼愛一點那個長期被忽略的內在小孩，希望透過舒心食物（comfort food）的餵食，灌注心理上的安慰與關懷，滿足他對美食的渴望，也多少延續一些他對生的眷戀。

或許我們錯過了最後彼此疼惜的機緣，但在醫療、家人，還有他自己，各自的努力下，他飄搖的一生，終於落地了、回家了。

回顧人生中曾遇過最大的難關

我曾經在國中的學生輔導中心，與中輟邊緣的高關懷學生一起工作了好幾年。十幾歲的青少年，抽菸、喝酒、械鬥、逞兇鬥狠，「不怕死」的諸多行為，其實是來自於「不知死」。

為期一整個學期的團體輔導，其中會安排一次安寧病房的參訪，讓他們與臨終病人交談，親眼目睹死亡臨在的實際樣貌。這樣真切意識到死亡的經驗，總讓青少年們非常震撼，不少人在返校後，戒菸、戒酒、勸架，漸漸脫離鼓吹他們械鬥受傷的幫派組織。

或許「不見棺材不掉淚」，有幾分道理在。死亡臨在眼前，才會意識到這個人生多麼值得繼續活下去。你也曾有過這樣的經驗嗎？請拿出紙筆或打開手機，試著記錄對於以下三個問題的反思。

✺ 曾經遇過最大、最具威脅性的難關是什麼？在面臨這麼大的挑戰時，你會告訴哪些人？會向其中的哪些人尋求支持？這當中有你的家人嗎？那會是誰？

✺ 是哪些信念或意義感，支持著你經歷那些難關，持續努力，沒有放棄？這當中你顧慮到誰的期盼或反應，所以驅動著你繼續前行？為什麼這個人對你來說有這麼大的力道？心中掛記著、顧慮著的這些人，反映的是你什麼樣的價值觀？

✺ 回顧到此，你對於自己、對於這些人以及你們之間的關係，有什麼新發現？這些發現會促使你採取怎樣的行動，去實踐自己真正珍視的價值觀？

恭喜你，完成了本書前十個反思與行動練習。這些練習並非魔法，不會讓你的人生或家庭關係瞬間改變，但每一步都會刺激著家庭動力的流轉。**當你認出這個家中，著實有愛的痕跡，並且不斷注意它們、滋養它們、表達它們，愛與關懷的流動將會越來越自然而豐沛。**

Chapter2

那些感謝與留下的禮物

小公主

在死亡幽谷前，
再次喚起「我存在的意義」

如果你身上的惡性腫瘤，如雜草一般，春風吹又生，努力撐過完整的治療療程，卻捲土重來，熬過第二次漫長的療程，又再一次復發。

你可以為了活下來，忍受幾次這樣的循環呢？

那是一位六十出頭歲的頭頸部癌症病人，經歷過兩次大手術，還有一連串的放射線治療、化學治療，換得了幾年與癌症相安無事的時光。在鎮上繼續經營著他白手起家的事業，用自己生病的例子，鼓勵跟他一起長大的國小、國中同學們，別再抽菸、檳榔戒一戒、酒少喝一點，放假的時候去露營踏青，都比窩在香煙裊繞的牌桌上好，是吧？

他心中信仰著「五年存活期」，總以為跨過了「五年」這個魔法時間，就可以擺脫健保的癌症重大傷病身分，也擺脫癌症縈繞不去的死亡陰影。

怎知就在預期即將畢業的前夕，那一次的回診檢查，發現舌頭上出現粗糙的白斑，並不是火氣大的濃厚舌苔，而是舌癌。他非常沮喪，就像一個天大的惡作劇，把他付諸在治療上、生活習慣上、社交上，一切一切努力將要得到的美好未來，大筆一揮，瞬間勾銷。

「我再怎麼努力都沒用的話，乾脆不要治療了，就到此爲止，真的夠了。」

他吃力地試圖把嘴張大，卻因為臉頰跟頸部的肌肉已經纖維化，只能張開一點點：「妳看，我的硬顎、軟顎都被拿掉了，我右邊的牙槽，我這一排牙齒……」眼淚掉個不停，細數著這幾年經歷過的手術，每一顆牙齒是在什麼情況下離開他的，歷歷在目。

「我整個人都已經變形了、話也講不清楚，勉強可以吃半流質食物，醫生說舌癌接下來要先做化療再開刀，這樣我還能講話嗎？還能吃東西嗎？我還有人生嗎？」

一句句痛徹心扉的質問，我真的無法回答。

太太坐在陪病椅的床尾，眼淚大顆、大顆不斷地滴在她的腿上、地上。

我看看先生，再看看太太，一個悲憤、一個哀傷。

我的目光卻被太太的大眼睛和白皙光滑的皮膚吸引，忍不住讚嘆：「你太太真的長得很漂亮！」

太太沉浸在自己的淚水中，沒有聽到我說的話；而先生眼角還掛著淚，僵硬的臉卻微微笑了起來，然後他抬起手，朝向太太動了動，又動了動。

剛剛那句話不知道觸動了他什麼，他似乎想牽牽太太的手。

我走到太太身邊，輕聲跟她說：「看看妳先生，他好像想要牽妳的手。」

太太還在哭著，起身站到床邊。

病人緊緊握住太太的手，看著她淚眼汪汪的臉龐，說：「我這個老婆啊，很膽小，連螞蟻都不敢打，什麼蟑螂、蚊子，所有的小昆蟲，她都會怕，都要靠我保護她。她在我心裡像公主一樣，這麼多年來，我們都不曾分開過。」

我點點頭，聽出了他心中的不捨與珍惜：「你的小公主真的好需要你繼續保護，即使你生了病，你都還是她心中的英雄，是她心中的王子。家裡的這些蟑螂、蟲，都需要你來把牠們趕走，如果你不治療了，向癌症舉白旗投降，那麼小公主以後該怎麼辦？」

病人忽然轉了個話題：「看不出來我太太小我十歲吧？」

病人的臉，經過多次手術已經變形，的確很難辨認出年紀。不過我盡可能猜測他沒明說，卻想要表達的炫耀心情：「哇，那當初追她的時候，很難追哦？你一定花了很多力氣，才說服岳父岳母把這個女兒嫁給你吧？」

「對！我有跟丈人保證，說我一定會讓你女兒幸福，保護她一輩子，不會讓她掉眼淚。」

喂！你要不要聽聽看你剛剛說了什麼？那你現在到底在幹嘛？

我轉頭問太太：「他說他答應過妳爸爸，不會讓妳哭，那他現在該怎麼做，才能讓妳不要再哭了呢？」

哭個不停的小公主，聽了我這句話，如大夢初醒，知道我把球傳到她手上了。

她用手背抹了抹臉上的淚痕，眼神變得很堅定，對我說：「心理師，謝謝妳。接下來的事，我來跟他說吧！」

過了幾天，我再去看他們，病房的氛圍變得輕鬆不少，病人拿著電視遙控器在看股票，太太端著一碗熱騰騰的泡麵在旁邊吃，好像在自家客廳一般閒散。

病人看到我，表情有點詭異，開始跟我碎念：「心理師，妳不要再來勸我了，這個吼，再治療也不會好啦，還是會死啊，不是一樣？」

我瞄了一眼太太的表情，被泡麵碗蓋半遮掩的那張白皙臉龐，似乎在偷笑？

這詭計，我略懂略懂。堆滿笑臉跟他說：「好，那你什麼時候要開始做化療？」

剛好護理師推著行動護理車進來：「學姊，妳怎麼沒被他們騙到？他現在就要開始打化療囉！」

我知道在他心裡頭被命運擊倒的絕望感，已經消失了。他找到了為生命拼鬥的意義，重新穿上王子的戰袍，要跟小公主一起，再給自己一次好好活下去的機會。

咽喉、舌頭、齒齦、頰黏膜、鼻腔、唾腺這些部位發生的惡性腫瘤，很容易在口腔原發部位的鄰近位置長出新的惡性腫瘤，或是一再復發。頭頸部的癌症需要長時間的追蹤與治療，可能隔個幾年，甚至只有幾個月，就需要再去開刀、放射線治療、化療等反反覆覆一連串的療程。

因為病灶在頭頸部，經歷過那麼多侵入性的治療，人的長相也會隨之慢慢變形，臉頰、肩頸部的肌肉因為手術或放射線治療而纖維化，失去張力與彈性，使得說話、咀嚼、吞嚥的機能都受到很大的影響。也因為病灶發生在頭頸部，不容易向下蔓延到身體的其他部位，即使經歷了那麼多如同改造人般的侵入性治療，他們依舊可以走來走去，生活自理基本上不會有太大問題。

當抗癌的歷程起起落落又永無止盡，有不少病人會因為厭世、喪氣，不想再繼續過這樣的人生，到此爲止就好。無論東西方國家的調查研究都指出，頭頸癌病人的自殺率，跟其他癌症診斷相比，總是排在前三名。

但醫師還是會盡可能找出科學實證上能控制癌症的治療方式，面對久病厭世的病人，往往會委託心理師一起鼓勵病人繼續接受治療，延長活下去的時間。

活著，不只需要勇氣，在痛苦中活著，更需要有足以撐過痛苦的意義。

在醫療中，心理師也跟隨醫師的步伐，與疾病的惡化速度賽跑，所以無法花太多時間在會談中蒐集病人的背景資料，做完整的心理評估，引導他探索生命的意義。為了更有效率地在有限時間的對話中，激勵病人為自己謀取最佳利益，所有在會談當下發生的線索，或許都是通往意義感的引燃線。

這對夫妻，太太有著非常明顯的的柔弱形象，他們的婚姻關係很可能是類似傳統性別刻板印象裡，男人要強大才能保護女人，也因此，被疾病擊垮的男人，如果不再強大，就失去了自尊與存在的價值。

如果可以透過陌生人的旁觀與好奇，讓他們重新敘說婚姻中那些值得珍惜的點點滴滴，讓家人們重新認識彼此的重要性，就有機會在死亡幽谷前，再次喚起「我存在的意義」、「我是為何而活」、「我願意為了你再拚一次」，為了實踐活著的意義，下定決心接受醫師提供的治療建議。

事實上，太太並非柔弱而是柔韌，有智慧地在過往的人生中，讓丈夫展現他的強大、滿足他「男性的尊嚴」；但當她過去依賴的男人，因為生病而脆弱不堪時，她意識到自己可以轉化為照顧、陪伴的母性角色，來做婚姻關係中的補位，讓婚姻關係重新達到平衡，像雙人舞一般，調整角度、位置與力道，支持著誓言要守護她一生的王子，繼續共舞。

感謝生命中有重大影響力的人

在閱讀前面這篇故事案例時，是否想起在人生中，有哪位對你來說具有某種重要性的人呢？這個人不一定是親近的家人、朋友，也可能是在過去的生活中，曾經對你影響甚鉅的一個人。

✹ 你會如何形容這個人，他有哪些特質或行為，對你來說特別有影響力，或讓你對這個人印象特別深刻？請試著列出三個特質或行為。

✹ 這三個特質或行為，對你來說為什麼特別有影響力，讓你對這個人印象特別深刻？

✹ 這些特質或行為，在你面對生命中的困境時，發揮了怎樣的力量或啟示，成為支持你的力量？

✹ 在這樣的思考歷程中，對於你自己以及這段關係，有沒有什麼新發現？

如果還能遇到這個人，不妨跟他說說你的新發現與感謝，或是將書寫記錄發布在社群媒體上，讓人與人之間的感動與愛，像漣漪一般散布出去。

無論她叫
什麼名字
唯一不變的
是「媽媽」

帶著媽媽的愛，向前走

我正讀著病歷，以及護理師們的交班筆記。有一句護理師的「愛的叮嚀」，忽然抓住我的注意力：「請稱呼病人『水雲』，家屬很介意。」我看看病人的本名，跟水雲這兩個字，八竿子打不著。

走到病房裡，這位三十出頭歲的瘦弱病人，看起來已經意識不清了。她的媽媽正在幫她擦臉，一邊擦，一邊聽到媽媽憐惜地說：「水雲，媽媽現在在幫妳擦臉，等一下妳如果有力氣了，要睜開眼睛看我哦！」

我向媽媽打個招呼，自我介紹。媽媽臉色不甚好看，對我搖搖手：「她沒辦法跟妳講話啦！」

我說：「護理師說，水雲的女兒下午要來醫院看媽媽，所以請我來看看你們有沒有需要幫忙的事情。」

我推算一下病人媽媽的年齡大概五十幾歲，但歷盡滄桑的疲態，讓她看起來好像一個小老太婆。

「心理師？好吧，也對。」

她這才停下手上的忙碌，坐下來：「說吧！你們打算怎麼幫忙？」不知道是因為疲憊還是防備，口氣不是很好。

我客氣地說：「我看床頭卡上面的名字，跟您剛才叫她的名字，好像不太一樣。我怕我看錯病人，可以再跟您確認一下，她是……」

媽媽嘆了一口氣：「我們找到一個很靈的算命師，他算出我女兒今年的劫數，說要改叫『水雲』，才能配合抗癌治療，發揮最大的效果。」

她指指床頭卡：「原本那個名字不好，會吸來很多冤親債主，讓她都得癌症了還沒感覺，阻礙治療，才會延誤病情變這麼嚴重。」

「她小時候體弱多病，她爸爸去幫她算命之後改了名字，真的就慢慢有改善，可是她二十幾歲的時候，因為感情不順自己跑去改名字，說這樣才能斬桃花，改完了才拿新身分證給我們看。」

「妳看，斬了桃花，終於擺脫那個男的糾纏沒錯，但也是那個名字害她病成現在這樣。那個床頭卡，我真的是看一次，氣一次，真想拿奇異筆把那三個字改掉！」

媽媽有點激動：「她也同意我去幫她算命、再改一次名字啊！可是人家是大師耶，又不是馬上約就看得到，等我們排到的時候，她就已經沒辦法下床了，根本不可能自己去戶政改。」

「我們就從身邊會叫她的人開始改口，常常叫新的名字，就會變成真正的名字！」

我恍然大悟：「難怪護理師都會先提醒我們要叫她水雲，不是叫病歷上那個名字。那，她這次改名到現在多久了？」

媽媽有點感傷：「大概一個月吧？本來想說她好一點可以出院，就要去戶政換身分證，誰知道，她一直在住院。而且這兩天一直叫不醒，醫生也問我們要不要考慮轉安寧了。心理師，她真的有那麼糟嗎？」

她的名字，居然有這麼多曲折的故事，我一時之間還沒回過神來，只能拍拍媽媽的肩膀，靜靜坐在她身邊。

我一直以為，一個人的「名字」是出生時父母送我們的第一個禮物，夾帶著祝福與期望；「名字」也像茶包上的標籤，遙遠卻緊密地牽連著這個人的本質；或是，像

《聖經》創世紀的內容一樣，當上帝創造了世間的一切，並且賦予了名字，萬物才真正存在並且開始運作。

如果死後真有彼岸，她該在報到處上找哪一個名字呢？該登上蓮花啟程或喝下孟婆湯的時候，她怎麼知道哪一樽是她的湯？當家人招魂呼喚她的時候，這個僅存在她人生最後一個月的名字，她的意識會知道那是在叫她嗎？

我非常困惑，困惑到沒辦法回應病人媽媽的問話。

我打起精神，問了孩子的事。大致上知道，孩子是個小學二年級古靈精怪的女生，跟「水雲」情同姊妹，母女倆常常打扮得一模一樣出門去逛街；有時候也會一起設計一些小陷阱，在家裡惡作劇。病人住院的這一個月，兩人每天晚上都視訊聊天，但這幾天「水雲」從極度疲累進入昏迷，孩子便一直吵著要來醫院看媽媽。

我問：「有人告訴過她，媽媽生病越來越嚴重，可能會死掉嗎？」

媽媽搖搖頭，滴下眼淚，不發一語。

我問：「你們覺得有需要找心理師或是護理師，幫孩子做這方面的心理準備嗎？」

媽媽眼淚落下得更多了，吃力地點點頭。

臺灣人可能對於二〇二一年的「鮭魚之亂」記憶猶新，為了免費大吃日本連鎖壽司店的餐食，全臺有三三一人到戶政事務所把自己的名字改成「鮭魚」，打算飽餐一頓之後，再改回來。但依臺灣法規《姓名條例》的規定，改名以三次為限，改名之後，不僅學歷、資歷、執照及林林總總的證件，都要以本名呈現，連帶地還要在配偶與子女戶籍資料上，做配偶、父或母的姓名更改。改名在社會行政上，其實是相當浩大的工程。

當時鮭魚之亂掀起的風波，不只造成政府行政系統無謂的負荷，更產生許多批評的聲浪，來自於人們相信姓名是父母送給新生兒的第一個禮物，而且多半會參考姓名學的剖析，謹慎挑選，因為在文化信念上，姓名會影響個人命運，「取名」的慎重歷程，反映了人類試圖理解和控制命運。想當然耳，「改名」也就蘊含了「改運」的意圖，比方要斬斷不良的親密關係、要躲避無形的冤親債主等。因此，只是為了大吃一頓而輕率改名，挑戰了臺灣文化中對於姓名神聖性的潛在信念。

在這個家庭中，無論是病人還是母親，都真心相信姓名的影響力，因此在面對癌症失去控制時，「改名」**成了重拾控制感的管道，希望透過姓名學大師賦予的新名字，重新掌控自己的命運，以抵抗面對未知、不確定感等的心理威脅**。

病人相信新名字能帶來好運或健康，也反映出她在面對生命危機時，試圖重新定義自己或尋找新的身分認同。這種信念本身會帶來心理上的安慰和希望，也可能開始出現行為的轉變，進而影響生理反應，而產生類似安慰劑的效果。因此，在臨床上，病人在診斷出癌症，或是癌症治療一段時間卻仍惡化時，主動尋求改名或要求他人稱呼他另一個名字的狀況，並不少見。

故事中的主角如此頻繁改名，反映出的，或許是她與母親試圖掌握命運，卻節節挫敗的失望與焦慮。這其實是病床邊的心理工作，需要多花些力氣提供支持與協助的議題，只是在這初次會面的當下，母親關注的焦點，並未放在自己身上，因此難以直接與她的焦慮和哀傷進行對話。於是我把焦點放在病人的孩子身上，改與病人母親形成聯盟合作的關係，共同協助這個即將要失去媽媽的小女孩。

這樣的策略，讓我有機會進入這個家庭系統中，牽一髮動全身，開始提供協助與建議。

取得理性與傳統文化間的平衡

你知道自己的名字，或是父母常喚你的小名，是怎麼來的呢？有符合你出生的年代所流行的信念或是用字嗎？

請試著回答以下問題，並且把想法記錄下來，或在社群媒體上分享，與更多人交流意見。

✵ 你現在的名字是怎麼來的？給予你名字的人，如何說明這個名字的意涵？你喜歡隱含在名字中的期許與祝福嗎？

✵ 你的名字對你來說，有什麼特殊的意義？它如何影響你對自己的看法與認識？

✵ 回想在生命中的重大轉折點，當時你是否曾尋求過類似改名、算命等民俗或宗教的幫助？為什麼？

✵ 回顧過去的人生經歷，你是如何在科學理性和傳統文化信仰之間，尋求平衡？是否曾遇到過衝突？如果有衝突，最後是如何化解的？

下午護理站打電話給我的時候，孩子已經自己跑進病房裡，被嚇到大哭不止。掛上電話，我匆忙拿了一盒彩色筆，一疊畫紙，衝到病房去。到達的時候，病人的弟弟已經把眼眶泛紅、一臉呆滯的孩子帶到病房區的日光室了。

我上前去自我介紹，請病人的弟弟把孩子交給我，他有一點猶豫。沒想到，這孩子抬起頭盯著我，突然緊緊牽住我的手，站起身來，說：「走吧！」

握著纖細柔軟的小女孩的手，我心中既悲傷又帶些敬意，我們就這麼一起走到護理長辦公室去。

一坐下，小女孩開始自顧自在護理長的辦公椅上旋轉起來。

她轉著轉著，不知道轉了多少圈，忽然用腳緊急剎住高速旋轉的椅子，上半身似乎快被慣性作用甩出去。

然後她噘起嘴、鼓脹著臉頰，深深大吐一口氣「呼～」。那個樣子，好像迷航的小精靈，終於找到一個落腳的地方。她看到桌上的畫筆跟畫紙，問我說：「這是要給我畫的嗎？」

「妳想畫嗎？」

她開始在椅子上左扭右扭：「耶，我最喜歡畫畫了！」

「四十八色的彩色筆耶，好多支哦！」語氣裡帶點冷淡敷衍，一點都不如字面上的興奮。

我把自己的椅子拉近她，看著她埋首苦畫。

她一邊畫畫，一邊說：「我要來畫，這邊有一個小公主，有長頭髮、有皇冠，穿蓬蓬裙，這邊要用紫色的，我最喜歡紫色！」

「這裡有一個大公主，她穿高跟鞋，迷你裙，哦！還有網襪，然後戴著皇冠，上面有紅寶石、藍寶石……她們要去百貨公司逛街囉！」她畫出路邊長方形的高聳房子。

「哦！大公主要牽小公主的手！」她用畫筆把大公主的手延長了一些。

「好了！阿姨我畫好了！」

那張色彩繽紛的圖，多虧了她的解釋，讓我不需要問太多。當我還在細細欣賞時，她「啊！」了一聲，又把圖畫一把拿了回去。

「我忘記寫名字了！」她在小公主旁邊，寫了三個字，那是她的名字。

當我慢慢複誦一次她的名字時，她滿意地點點頭。

我問她：「那大公主呢？也要寫上她的名字嗎？」

這個問題，我問得心虛，我十之八九猜得出她畫的就是自己跟媽媽。媽媽一輩子改來改去的名字，對她的意義是什麼呢？

果不其然，她歪著頭，有點苦惱地說：「哇，大公主哦……我認識她的時候，她叫作……，不過阿嬤說那個名字不好，害媽媽生病，所以現在都不能講。可是她現在的名字好奇怪，我都記不住，她叫……她叫……」

我正要出聲，孩子頭上的電燈泡忽然大放光芒：「啊！我知道了！」

我瞪大眼看著她，孩子閃亮亮的眼睛篤定地看向我，拿起筆，在大公主身邊寫下兩個字：「媽媽」。

「只要我叫媽媽，媽媽不管離我多遠，都會知道是我在叫她。所以，不管阿嬤要叫她什麼名字，都沒關係，我只要叫她媽媽就好了！媽媽的名字就是媽媽！」

我被這個孩子深深地撼動。忍著快噴出來的淚水問她：「那，妳知道媽媽快要死掉了嗎？」

她點點頭：「所以舅舅今天才會帶我來醫院啊！要不然我在家等媽媽回家就好了，一定是因為媽媽已經沒辦法回家，他們才會讓我來醫院的。」

這機靈的孩子，光推敲這些小線索就拼湊出真相了。我問她：「剛剛護理師打電話給我的時候，說妳在大哭喔？」

她又拿起畫筆，在畫紙上塗啊塗，塗了好一會兒，終於說：

「媽媽現在變得好醜哦，她一定受不了自己變那麼醜。如果她看到自己現在變成這樣，一定會受不了的。」

「還好是在醫院，沒有被其他人看到。」

「我只要記得她很漂亮的樣子，給大家看到，我媽媽就是像公主一樣漂亮，她一定也希望我記得她漂漂亮亮的樣子。」

我問她：「妳覺得她還希望妳記得什麼？」

小女孩的手沒停下，眼睛盯著畫紙：「嗯，她應該會希望我記得，我們一起擠在沙發上，看《綜藝玩很大》跟《天才衝衝衝》。」

她抬起頭來，臉上是大大的笑容：「阿姨，我跟妳說，超扯的，有一次我們笑到整個沙發往後翻耶，我們一起跌在地上，阿嬤還衝過來罵人，超好笑的！」

我說：「那以後媽媽如果沒辦法坐在妳旁邊，跟你一起看《綜藝玩很大》跟《天才衝衝衝》，妳可以代替她，幫她一起看、一起笑嗎？」

她用力點點頭：「當然可以啊，可是一個禮拜，只有禮拜六禮拜天有演耶！」

我問：「那有沒有禮拜一到禮拜五，她希望你記得的事呢？」

我們就這麼一起把母女倆相處這八、九年來，值得記憶的事件、習慣、默契，一點一滴地撿拾、拼湊起來，完成一個個有標題、有意涵，可以一再敘說的「故事」。**未來生活中，讓她與媽媽相處的點點滴滴，在心裡頭落地，而不只是模模糊糊的「想念媽媽」**。

後來我沒有機會知道女孩接下來的人生過得如何。

或許，阿嬤、舅舅能給她的獨一無二的愛，即使沒辦法填補媽媽離去後的空缺，但我相信，媽媽帶給她的人生禮物，都已穩固地安放在她的回憶資料庫裡，會一直、一直陪著她長大，直到她成為另一個孩子的媽媽。

生活中，無時無刻不在發生大大小小的事件，但只有少數會留在記憶中，而其中更少數的事件，會被當事人說成故事、賦予意義。而這些可以被好好敘說、有前後脈絡的故事，便逐漸形塑出這個人的自我認同與人際信念。

小女孩敘說與媽媽之間栩栩如生的回憶，說成有情節、有情感、有意義詮釋的完整故事，讓小女孩沉浸式地重現、感受到母女之間的情感連結，**藉由過去的快樂回憶，找到未來生活可以喚起母親的線索。**

在會談中埋下種子。積極將媽媽的愛與支持，整合到她的生活當中。

我在這邊運用的是敘事治療中「生命會員重組」（re-membering）的概念，透過對話，讓小女孩說出她與媽媽之間值得留在記憶中，有關愛的故事。也讓她有機會感受到，在媽媽的眼中，她是多麼獨一無二、值得被好好地愛著，她也有能力可以延續這樣的愛，繼續去愛家、愛人。

雖然在現世失去了媽媽實體的陪伴，但她能意識到，其他的家人會努力維繫著這個家的穩定，這個家、這些美好的回憶，都是媽媽送給她的珍貴禮物，可以幫助孩子的安全依附關係不致斷裂，保持她對人、對世界的安全感。也讓她從「失去媽媽」的失落故事主線，重新書寫為「帶著媽媽的愛，向前走」這樣一個在感傷中仍帶著祝福的故事。

回顧生命中特別的人所帶來的影響

在你心中，是否也有一段不想割捨，卻被迫分離的關係呢？在接下來的練習中，想帶著大家與這段關係重新連結與對話，探索如何在面對變化與失落時，仍能「藕斷絲連」、賦予新意。

請依序思考並回答下列問題，並且將這些回答記錄下來：

✷ 回想一個對你來說非常重要的人，可以是現在仍在你身邊的人，也可以是過去曾經相當珍惜而且影響深刻的人。

✷ 請回想過去與他的相處，有哪些美好而深刻的記憶，或是重要的事件？列出三個與這個人相處過程中，印象深刻的事。

✷ 仔細回顧上述這三個回憶事件的前後脈絡，以及你在當中的感受、想法，而這些事件對你後來的人生，產生了怎樣的影響。

✷ 你會怎麼描述這些回憶，這些經驗是如何塑造你成為現在的自己？這個人真正想要叮嚀你的，是怎樣的信念或價值觀？

✺ 換位思考，猜想看看，這個人因為在生命中遇見了你，你與他相處的這段時間，對他來說產生了怎樣的影響與意義？

✺ 如果這個人剛好在我們身邊，聽到或看到了這一段有關關係回顧的對話，他可能會產生怎樣的反應？又或是會對你再多說些什麼？

✺ 回顧上述整個問答歷程，你對於自己、對於這段關係，以及對於人生，有什麼新發現呢？

如果還能遇到這個人，不妨跟他說說你的新發現與感謝，或將書寫記錄發布在社群媒體上，讓人與人之間的感動與愛，像漣漪一般散布出去。

禁錮在補習班裡的思念

在面對生命的最後階段，家庭的「時間價值」需要被重新衡量我照顧過不少青壯年期的病人。單身的病人，雖然難免孤單，但也常常慶幸自己沒什麼家累、牽掛；而那些已為人父母的病人，住院期間放心不下家裡還沒辦法獨立生活的孩子們，總希望可以快快出院，回家去陪伴、看顧自己的孩子。

年輕的病人雖然體力本錢都不錯，但癌症往往也來得既兇又猛。

有些在治療上拚盡全力，卻仍敵不過癌症的侵襲，隨著病情的進展，他們的最後一次住院，通常是兵敗如山倒，整個人快速又劇烈的消退變形，最親近的配偶不但要陪在病人身邊，提供支持與照顧，同時也要預先處理跟死亡有關的大小事宜，很難如過往一樣待在家裡處理家務、照顧孩子。

這時候，家裡頭還沒辦法獨立自理生活的孩子，就很仰賴家族裡其他親戚，或是周邊親友的接送與起居作息的照料。

一個人重病住院，就像石頭掉進池子裡激起的漣漪，牽動著以他為中心，一層一層的系統。家庭與社區系統動員起來，因應這一連串的重大變化，真的是「患難見真情」；而在醫療端，我們總會建議家屬，務必要多帶孩子來醫院，陪陪爸爸媽媽，預先彌補未來心裡頭的遺憾。

心理師、社工師，受過安寧療護專業訓練的護理師，甚至是醫師，都能協助家長告知孩子即將來臨的壞消息，透過跟孩子對話討論，盡量為孩子做好面對生活巨變的心理準備。

但「白天要上課！晚上要補習！週末要課輔！沒有人載！」孩子的行程總比想像中的更滿、更要緊，也更沒有能力自主行動。

有一次我急了，問那位堅持不帶國三女兒過來的爸爸說：「她晚上到底要補哪一科？我是臺大畢業的，今天免費當她的家教，你去載她過來，她跟媽媽這一整個月都沒見面，拜託你去載她過來啦！」

爸爸被我盧了三天，一臉為難，或許覺得心理師真的很多事；或者是臺大光環還是有些震撼力，某天傍晚，他終於把女兒載過來醫院。

當天晚上我留在護理站，陪著剛滿十五歲的她，打開理化講義，仔細解題，一邊跟她談這一個月以來，媽媽在醫院發生的一切，還有她這個月獨自在家生活，內心經歷的種種。

天知道，我文組的！我臺大社會學系畢業的啦！理化根本就是硬教的！反正講義打開，門關起來，老爸也不知道我們在幹嘛。

「其實，坐在教室、坐在補習班，我也沒有心情聽課⋯⋯」

「我成績不好，爸爸媽媽以前總說他們努力工作，賺錢讓我們上學、補習，考上好的學校，以後才不會像他們那麼辛苦。有時我會想，是不是因為我太笨了，要多花錢去補習，讓媽媽要工作又要照顧我，才會累到生病⋯⋯」

「媽媽真的快要死掉了嗎？她怎麼會變成這樣，我都快要認不出她來了。」

「以前媽媽真的很兇，我都不敢跟她說心事，怕被罵。好幾次被她臭罵，我真的氣到想說她怎麼不去死一死，要不然我去死好了。結果，她現在真的要死了。」

她哭了起來，心裡有好多、好多煎熬。

陪了她一個小時之後，我帶她去病房裡見見好久不見的媽媽。

病人因為惡病質而乾瘦的臉頰，看不出表情，只輕輕說了一句：「咦？妳今天怎麼沒有去補習？不是要模擬考了嗎？」

孩子看起來有點害怕，不知道是因為媽媽整個人瘦弱變形到認不出來，還是因為擔心翹課沒去補習而被責罵。

我趕緊緩頰：「我今天請妳先生特地載她過來，我剛剛有先帶她看過理化講義，把她一直沒搞清楚的地方解說完了，這樣一對一教她，好像比補習的效果好一點。我們剛剛上完課，就趕快過來陪妳。」

病人點點頭，似乎準備要閉眼休息。

虎媽變成了病貓，該怎麼讓這個心理糾結的孩子，從被追殺的獵物，反過來變成撫慰小貓的愛媽呢？

我看看床旁桌上有一罐身體乳液，再看看病人乾瘦的手臂，因為疾病的侵襲以及長期治療的副作用，她四肢的皮膚都已經脆弱乾燥如同老嫗了。

「來，我教妳怎麼幫媽媽按摩，讓媽媽舒舒服服好好休息。」

女孩怯生生地站到我身邊，在我的指示下，牽起媽媽的手，輕輕地幫媽媽擦上乳液，然後幫媽媽梳頭，用濕紙巾擦去臉上的污漬、眼屎，把媽媽身上歪斜的睡衣整理好。她們之間沒有任何對話，只有女孩仔細輕柔的心意，還有媽媽臉上滿足而舒服的微笑。

我知道在那一刻，母女之間的新關係開啟了，忍不住說：「妳女兒好溫柔、好貼心，是個很棒的孩子。在她身上，我看到你們夫妻倆在教育孩子上的用心，我看到她把妳照顧得很好，她未來一定也會把自己照顧得很好的。」

媽媽輕撫著女兒的臉，嘴巴動了動，沒發出聲音，似乎是一聲：「謝謝妳！」

過了兩天，女孩的媽媽過世了。那天她沒有被帶過來，因為「私校不好請假，之後再跟她說就好了」。

我看著滿臉疲累，幾乎要被榨乾的先生，心中感慨，卻沒能多說什麼，只能遞出一張名片：「孩子那天跟我談了不少，如果之後在生活上或心情上，有什麼很難適應的狀況，需要找人談一談，請白天上班時間打電話跟我聯絡吧！」

年輕時的我，面對孩子被隔離在父母的臨終歷程以外，往往會怨懟家長為了課業、補習，剝奪家人間僅存的愛的時光。但經過這十幾年來生命經驗的打磨，漸漸理解，許多家長把自己年少時錯過的一切，寄託在孩子身上，希望孩子的未來過得比自己現在還要好，所以把課業與才藝看得比任何事都還重要。這是愛。

陪伴重病的配偶，身體疲累不說，看著病人的痛苦卻愛莫能助，心裡更苦。或許是為了保護孩子不要受這些心理痛苦的侵擾，所以把身心未成熟的子女，隔絕在醫院之外。這是愛。

也可能是當自己面對配偶重病與臨終，已自顧不暇、焦頭爛額，實在沒有多餘的心思再顧及孩子，所以把補習班、安親班，當作一個暫時安放、保護孩子，同時保存自己僅有氣力的後勤支援之地。這也是愛。

在面對生命的最後階段時，家庭常會陷入「當下多陪伴」與「為未來做準備」之間的兩難。此時，家庭的「時間價值」需要被重新衡量評估，不只是還有多少時間可以在一起，也要考量如何在有限時間內，發揮最大的價值。

我與第一線照顧病人的醫護同仁們，總是相信，學習與成長不只發生在學校、補習班、書本、考試，能讓孩子有機會一起照顧、陪伴臨終的親人，一起分享自己在面對這些艱困處境時的思緒、感受、責任、決策歷程，討論生命的意義、分享家族的故事和價值觀。

減少未來「子欲養而親不在」的遺憾，
也能為家人創造更多有意義的連結和回憶。

因此，遇到推託不願意帶孩子來陪伴臨終歷程的家長，我依舊會死纏爛打、好說歹說、紅利盡出。

因為我堅信，**家人最後還能在一起的有限時光，錯過便不再，需要多一點推力，讓一家人願意及時行動，減少遺憾。**

關於家庭的時間價值

家庭的時間價值該如何衡量評估？在當下陪伴與未來準備之間，你會如何調配比例做出平衡？請試著思考並回答以下幾個問題，並且記錄下來。

✺ 對於你所在意的家人，未來有哪三件事是最重要的，且希望傾盡全力去完成？

✺ 對於現在的家庭關係，有哪三件事是最重要的，且最為珍惜的？或是在每天的日常生活中，突然少掉了家庭關係中的哪些成分，會讓你感到痛苦？

✺ 比較一下上面這兩題的答案，它們如何反映你對家庭、家人以及愛的理解。

✺ 想一想可以怎麼做，才能同時顧及當下的陪伴和對未來的準備？

完成今天的思考練習後，明天與家人相處時，會產生哪些不同的行動？這些新發現，可以跟家人、朋友分享與討論，或將書寫記錄發布在社群媒體上，讓感動與愛，透過你的文字傳遞到更廣的地方。

成為家裡的男人

在這個家裡沒有被明說，
卻一直存在著的愛與堅持

「維君，妳現在有空嗎？」

我最怕在早上八點接到這種劈頭就問我有沒有空的電話，多半都沒什麼好事。

「怎麼了？」衷心希望護理站打電話來是要約我一起訂飲料，但這種事從來沒發生過。

「我們這邊有個阿公快不行了，他女兒跟外孫在旁邊一直哭，我剛剛帶著他們做四道人生，可是他們沒辦法講，還是一直哭，現在實在沒有人力可以好好陪他們……」

在一般病房，沒有安寧病房那麼充裕的護病比[7]，也沒有常駐專屬的心理師跟社工師，每一位護理同仁，都是盡力照護著病人和家屬身心靈的平安，真的應付不來，就是我該上場的時候。

護理長很快地跟我重點交班，阿公的女兒是位單親媽媽，現在念國中的孫子，是阿公跟阿嬤一手帶大的。住院的這段時間，阿嬤顧得太累了，前天忽然說有一邊的眼

7 護病比（nurse–patient ratios）是指醫院中護理人員和照顧病人的比例，也就是平均每個護理人員照顧病人的數量。

睛看不見，病房護理師趕緊請阿嬤下去急診，才發現是中風，現在在神經內科的病房住院治療。女兒請假來接手照顧的這兩天，阿公尿少、鞏膜水腫、意識昏迷、血壓偏低……這些臨終症狀一一出現，護理長要女兒聯絡看誰要見阿公最後一面，得趕快來醫院。

慌亂的女兒一早回家把外孫載過來，母子倆卻站在病床邊無助地哭得一發不可收拾。

我走到病床邊的時候，那個滿臉痘痘、頂著平頭的國中生，穿著學校的體育服，呆坐在床頭，一臉大哭完中場休息的恍惚狀；女兒則是又焦急又哀傷地在床尾踱步、扭手。

評估了一下現場的狀況，我先走到女兒身邊跟她自我介紹，捏捏她的肩膀，讓她回回神。

我跟她說：「還好你們都來了，謝謝妳幫弟弟請假，把他帶過來。弟弟叫什麼名字？我想要帶弟弟跟阿公說說話，讓阿公安心。」

「長青。」

我以為聽錯了，在這個時代，怎麼會有十幾歲的小孩叫這麼老派的名字？

忍不住想確認一下：「弟弟的名字怎麼寫？」

女兒紅著眼望向我：「就是松柏長青的長青。我爸爸用族譜取的。我離婚之後，我爸堅持要爭取孩子的監護權、改跟我們姓，然後用我們的族譜字輩，給我兒子改了名。我要上班、要賺錢養家，都是我爸媽在顧小孩，所以就順著我爸的意思，帶著小孩去戶政改名。那時候他還沒上學，其實我們現在也都快忘記他原本叫什麼了。」

這孩子的名字，是阿公給他的禮物，阿公把他當作是這個家族的男人啊！只可惜，身為男子漢的傳承，阿公沒能等到外孫成年。

我走到男孩身邊，悄聲跟他說：「你要不要跟阿公說說話？」

男孩搖搖頭，紅著眼說：「我不知道要說什麼。」

我拉起男孩的手，放在阿公乾癟粗糙的手上，男孩顯得小心翼翼。

我在阿公的耳邊說：「阿公，我是心理師維君，現在牽你手的是長青喔。長青現在很傷心，很捨不得你，你等他一下。」

男孩哭了起來。

我右手搭著男孩的肩，左手扶著男孩和阿公的手，輕輕說：「阿公，謝謝你給長青取這個名字，這是你們家族的傳承，謝謝你把他當成自己的孩子在教、在疼，謝謝你給長青這麼完整、這麼好的一個家。」

男孩哭個不停，淚水滴到阿公的手上、被子上。

阿公的女兒不知道什麼時候，走到床的另一側，緊緊握著阿公的手，貼在自己的胸前，哭得好傷心。

我繼續跟阿公說：「阿公，謝謝你當這個家的一家之主，謝謝你在女兒最無助的時候，讓她回到這個家，現在你最愛的兩個寶貝都在身邊，你有感覺到嗎？」

我說著這些話，一邊忍耐著哽咽，一邊忍耐著口罩裡濕黏黏的鼻涕，還有流個不停的眼淚。

終於，我受不了了！眼見阿公肚子上有一包衛生紙，我眼明手快，火速抽了兩張衛生紙出來擤鼻涕。

突然，我的背後也傳來此起彼落的擤鼻涕聲。

原來是主護跟護理長，還有隔壁床的病人和家屬們，在旁靜靜參與這一切，也感傷得不得了。大家赫然發現心理師哭得傷心，全都不忍了，整個房間裡的人都在擤鼻涕跟擦眼淚。

男孩忽然開口說話，帶著哭聲，慢慢地說：

「阿公，你放心，我長大了，照顧媽媽跟阿嬤的任務就交給我，我現在是這個家的男人，跟你一樣，是個男人了。你以前跟我講的，我都有記得，我不會讓任何人欺負媽媽跟阿嬤，也不會再讓任何人欺負我，你放心。」

接著又大哭了起來。

看來這個家有好多、好多來不及說的故事，也有好多現在急著要說的情感，「不知道要說什麼」的迷障已經被解除了，現在一家人有說不完的話可以說。

我帶著他們母子抱抱阿公，女兒開始在阿公耳邊叨叨絮絮，有道歉、有承諾、有感謝、有愛。

這一天的情感好滿、好滿，也是我第一次發現，心理師的眼淚，這麼有力量，讓每一個感傷的人都能放心哭泣，放心表達，放心用完一整包的衛生紙。

「心理師在諮商過程中能不能哭？」「護理師在照護病人的過程中能不能哭？」類似這樣的質問，大概是助人工作者在專業養成過程中，人人都要糾結一番的千古公案。

早期，助人工作者的培訓過程中，無論是心理師、社工師，還是護理師，甚至是輔導志工，有些比較拘謹、保守的老師，會相當在意學生對於個案的「反移情」，認為助人者應該站在中立的立場，如白板一樣反映個案的心理與需求，不能涉入自己的情感與價值觀。若是明顯表露出哭泣、顫抖、皺眉等情緒化的外顯行為，便會顯得「不專業」、「不中立」，可說是助人工作中的大忌。

但隨著心理治療學派的多元化，講求治療同盟、平起平坐、去專業權威、保持真誠一致等等，以「人」為核心的心理治療學派興起，把助人工作者本人視作「治療工具」，重視助人者與個案相處的「此時此刻」，認為工作當中的人際互動，即為個案生活的縮影，助人者與個案互動過程中所感受到的，就是個案人際圈中其他人經歷到的片段風景。

助人工作者在與眼前這個人工作、對話時，看似專注於當下的所見所聽，心理上卻忙著進進出出、推敲猜想，區分哪些是個案拋過來的，哪些是自己的議題。如鴨子划水般，表面優雅穩重，心裡頭卻忙得很。

人際互動中的情感流動，在「對方的」與「自己的」之外，其實還有「普世皆然的人之常情」，也可以稱之為「慈悲心」（Compassion），就是讓每個人都動容觸動的那些時刻。就像這個故事裡，在這個家裡沒有被明說，卻一直存在著的愛與堅持，觸動了在場每位流淚的人。

那些淚水與鼻涕，代表的並非我們自己的未竟事宜或創傷。是自然而然的真情流露。

因此，我在帶領新進心理師，或是與其他的安寧夥伴一起工作時，面對「在病人面前能不能哭」的糾結，我會想要先釐清「你為何覺得不能哭？」「你為何覺得可以哭？」「哭或不哭，對你的助人效益會有哪些影響？」透過讓助人工作者找到自己比較習慣且舒服的方式，進而真誠且自然地帶著當事人與家屬，度過悲傷的時光。

而我自己的底線是：

①不能哭得比個案還傷心。

②即使哭，還是要把該做的工作完成。
③以病人與家屬當下的最大利益為主要考量。

因此，與其問「我能不能在病人面前哭？」這種二元對立的是非題，不如進一步探討：

「在什麼情況下，表達真實的情感，可以增進治療關係和治療效果？」「如何以一種尊重和有益於病人的方式表達情感？」

深入思考真誠的情感表達如何成為助人過程中的助力，我們可以更理解並接納自己的角色，在專業外衣的包裹之下，仍然是一個真誠而完整的人。

關於內心情感的表達

通常，在家中、在獨處的時候、在工作當中、在外出旅行的時候，不同場合、不同情境下，我們會因時制宜、因地制宜，展現出不同的樣貌與角色。

社會學家厄文・高夫曼（Irvin Goffman）稱之為「日常生活中的自我呈現」，在生活中的不同場域，扮演不同角色，在恰如其分的角色扮演中，除了劇本中預定的表演身段外，還得要觀察對手與觀眾的狀態，做出臨場反應，隨時對自己所扮演角色的演出，及時修正與改善。光是沉浸於角色當中，就夠忙的了，該如何同時兼顧自己當下的真實情感呢？

請找個靜心時刻，停下來梳理自己的內在歷程，藉此慢慢貼近自己的心。回想一下，過去這幾天在工作中或是生活上，有哪個印象特別深刻的場景與片段？在那當中，你感受到了哪些明顯的情感？是感動、傷心、愉快、僥倖、憤怒、愧疚、焦躁、絕望、頓悟，還是其他？

✺ 在那個情境中，你明確表達出哪個或哪些情感？是如何表達的？用說的、用文字傳遞，還是用表情、聲量、動作、唱一首足以代表當下感受的歌？

✺ 有哪些情感被你刻意壓抑了？是什麼原因，讓你在當下決定壓抑那些情感？

✺ 當時你選擇表達或壓抑某些情感，對於當下的狀況與你的人際關係，產生了哪些影響？你是否滿意這樣的發展？

✺ 如果時光可以倒流，整個事件可以重來，你會怎麼做呢？

做完今天的練習，有什麼新發現？如果有要好的朋友遇到與你當時類似的狀況，你會提供哪些建議給他？如果有一些令人感到意外的新發現，可以將書寫記錄發布在社群媒體上，讓更多人跟隨你的腳步，開始透過回顧與盤點，梳理自己的內在歷程吧！

那句
尷尬不已的
「我愛你」

在愛隱隱流動的溫馨氣氛下，
催化道謝、道愛、道歉、道別

這個還不到六十歲的男人，在禮拜五的下午被推進安寧病房時，已呈現彌留狀態。意識不清、血壓低、四肢冰冷，可能撐不過這個週末。

兩個二十幾歲的女兒，拎著大包小包，臉上的淚痕還很新鮮。她們好害怕，害怕這一天終究要到來；她們好害怕，經過這一天，就要變成孤兒。

護理長很不放心她們，叮嚀我下班前一定要去跟她們談談。她們在病房裡安頓好行李之後，兩個女孩並肩坐在病床旁邊，看著已經昏迷的爸爸，一直掉淚。

當年，我的年紀跟她們差不多，很快就和她們搭上話，聽她們聊一些小時候跟爸爸相處的趣事，似乎有點破涕為笑的跡象。

我說：「妳們很擔心會失去爸爸，可是爸爸陪妳們長大的點點滴滴，不會因為他的過世而消失。有很多話，以前說不出口，也沒有機會講，或許今天是最後可以好好說給爸爸聽的機會了。」

兩姊妹沉默了一陣子，才說：「我們……不知道要怎麼說……」

我自告奮勇：「那我來帶著妳們說！」

兩姊妹似乎找到靠山，點點頭，跟著我的引導與提問，一邊掉著眼淚，向爸爸說著：

「爸爸，謝謝你，謝謝你堅持自己把我們兩個養大，沒有聽阿嬤的話，給我們找新媽媽。」

「以前你堅持要我去補習，那時候只覺得很痛苦，吵架的時候講了很多傷害你的話，其實，我一直想跟你說對不起。」

「有句話，我一直都沒跟你說過，可是，我真的好愛你。」

「我們都長大了，可以照顧自己了，爸爸你放心，我不會讓任何人欺負我跟妹妹，你到天上還是要以我們為榮。」

我一邊帶著她們說，聽著她們跟父親之間的回憶與情感，自己也哭到不行。講完之後，三個女生抱在一起哭了一陣子。

哭完後，姊姊說：「心理師，謝謝妳，我忽然發現心裡有好多話想跟我爸爸講，今天我們留下來陪他，會好好告訴爸爸，他有多棒、他對我有多重要！」

隔週的禮拜一，一早去上班，在茶水間遇到姊姊，我很吃驚又很欣慰，沒想到病人居然還活著，老天爺有幫他們多爭取一些相處的時間。

我開心地跟姊姊打招呼，沒想到姊姊端著水杯對我破口大罵：「厚！心理師，我正想找妳算帳！」

就在我大驚失色，嚇到快被送急診之際，笑咪咪的妹妹，推著輪椅走過來，說：「唉呦，姊，妳幹嘛嚇她啦！」

輪椅上，坐著上禮拜五看起來快往生的那位先生，居然也笑咪咪的。這是怎麼一回事？

姊姊用肩膀輕輕撞了我一下，說：「心理師我跟妳說，真的是超尷尬的，我跟我妹禮拜五講了很多感性的話，想說要在我爸上天堂之前，不要有遺憾。誰知道他禮拜六晚上醒過來，對著我們說：『繼續講啊，我還想聽。』然後一臉跩樣耶，真想給他從頭巴下去。」

妹妹馬上插嘴：「巴什麼？妳捨不得啦！」

姊姊說：「反正，尷尬死了，可是也真的很謝謝妳，或許我爸是聽了我跟我妹的真情呼喚，才捨不得那麼快上天堂吧？」

我轉頭問病人：「欸，是這樣嗎？」

病人一臉又幸福、又得意地點點頭，好像這一刻，是他人生最大的享受。

在安寧療護的工作裡，道謝、道歉、道愛、道別，這所謂的「四道人生」，幾乎可以說是安寧團隊的使命，總會希望在死亡到來前，讓病人與家屬，有機會互相表達這一生未曾好好說出口的感情。

只是，即使安寧療護在臺灣落地生根三十多年，但大部分的臺灣民眾對於「安寧病房」，還是難免聯想到「快死了」、「去那邊等死」、「放棄治療」，往往是在病況已經走到最後，甚至是病人已經彌留，家屬才終於願意點頭同意將病人轉入安寧病房。

也因此，如果進入安寧病房才做四道人生的功課，多半只能由家屬單向性地，面對著臨終而且意識不清的病人敘說。即使如此，家屬終於有這樣表達情感的機會，也能減少遺憾，得到一些寬慰。

真心希望，可不可以再早一點做四道？

讓終將走向死亡的病人，在還能說話、互動的時候，就聽到這些愛的話語，也可以留下一些紀念，這樣的四道人生應該更有意義吧？

但每當我在病房裡，和一家人一起會談，酒酣耳熱、氣氛溫馨之際，提出這樣的建議，十之八九的家屬會推託說：「又不是快死了，講這個幹嘛？」「不要啦！講這個，我一定會哭到不行！」無視於病人殷殷期盼的眼光。只有少部分的家庭會很爽朗地說：「好啊，心理師妳帶著我們做！」

四道人生用意是好的，但似乎只有在死亡迫在眉睫，有非說不可的急迫感時，指導性的引導才會容易成功。或者反過來說，四道人生，讓家人意識到，此生的緣分真的要告終了，心裡頭湧現的悲傷會讓腦袋當機。

如果得到允許，我平常是如何引導氣氛不錯的家庭彼此四道呢？

一開始，會請家人聊聊過去相處的趣事，或是以前病人還健康時，在家裡的習慣，尤其是那些會造成家人起口角、產生衝突的堅持，或是屬於這個病人獨一無二的癖好。

如果在聆聽他們家庭故事的當中，感受到「他們彼此都對這個家庭有所付出」「他們相互關心，都想為對方著想」的部分，我會特別把這些反映出愛與感謝的故事情節，摘要說出來，然後小心地做一個推論，例如：「哇！你真的很愛你老婆耶！」「妳先生還滿細心的，妳是不是覺得嫁給他其實還挺不錯的？」

如果他們微笑點頭，認可我對他們的肯定，此時我才會進一步做出建議，例如：「很多話，過去沒有機會講，今天的氣氛這麼好，妳要不要跟妳先生說聲謝謝？」「你愛老婆這件事不應該由我講啦，來、來、來，牽著你水某的手，自己跟她說。」「你可能覺得，過去有些做得沒那麼完美的部分，是要謝謝他的包容，還是要跟他說聲對不起呢？」

在愛隱隱流動的溫馨，而非感傷的氣氛下，要催化道謝、道愛、道歉、道別的表達與情感展現，就更能水到渠成了。

四道人生的練習

道愛、道謝、道歉、道別，人生最重要的四件事，很多人在日常生活中，都迴避去實踐，認為「這不用說，他也知道」「我都用做的、做的比較實在」「家人間講這些也太矯情了」因為關係的親近，容易直接對家人口出惡言，以「我是為他好」作為包裝，毫不掩飾對於對方「不夠完美」的失望與厭煩。

沒有人喜歡被責罵、沒有人喜歡被挑剔，對於家人，我們是不是都太過嚴格了？如果平日的家庭溝通總以訓斥居多，當人在身體病痛難耐而折損心智時，真能認出在家中隱微流動的愛嗎？

因此，鼓勵大家在自己與家人都還健康如常時，便試著改變家庭的溝通語言，開始把四道人生落實在日常生活中。

以下的每日復盤小練習，邀請你一起試試看：

✺ 每天晚上睡前，預留十到十五分鐘的時間給自己，靜心感知並回顧這一天下來，「愛」、「感謝」、「愧疚」、「離別」這四個人際互動的型態，發生在哪些日常事件當中？持續記錄一個禮拜。

✺ 完成一週的記錄後，在第八天，回顧過去七天的記錄內容，是否有哪個人特別常出現在你記錄下來的事件中？這個人與哪個感受特別有關連？

試著整理這些新發現，如果有機會與這個人相遇，選一個氣氛不錯的時刻跟他分享。

不倒翁與珠鍊

透過「發現」與「看見」，
重新詮釋自己與家人的關係

原本他與相戀多年的女友約定好，如果成功完成淋巴癌的治療，就要共結連理，許她一個幸福的未來。果然，順利完成所有的療程後，他向女友求婚成功。

誰知道，就在預計拍攝婚紗的前兩天，他確診了Covid-19。這次感染引發的發燒，讓他的身體兵敗如山倒，先是送到家附近的醫學中心，但治療狀況實在不理想，沒多久就發出病危通知，在姊姊的堅持與奔走之下，轉回我們醫院，因為這裡是最熟悉他癌症病情的地方。直送加護病房之後，待了三個禮拜，算是撿回一命，但整個人也消瘦了一大半。

從加護病房轉出到普通病房之後，護理師常常看到，在女友休息沉睡時，他自己默默掉淚哭泣。主治醫師看到意志消沉又瘦弱的他，實在於心不忍，於是在查房時邀我同行，正式把臨床心理師介紹給這一家人。

我實在無法想像，眼前這個黑、乾、瘦的人，原本是個重達百公斤的粗壯莊稼漢。

他說他原本在都市裡跑業務，過著光鮮亮麗、紙醉金迷的生活，因為不忍父母年老還帶著病痛堅持務農、批發農產品，因此回到鄉下，希望能運用高科技與系統化的經營方式，讓良田果園依舊維持高產量、好品質，同時大幅減少人力勞動。

他忍不住抱怨起父母，兩老沒有一天休息放假，即使是半夜或清晨，只要是客人需要，絕對親自搬貨送貨，使命必達。

我問：「你捨不得他們這麼辛苦，才想回來幫忙，但他們還是用以前很辛苦的模式在過生活。」

他有點生氣地說：「對啊！爸媽年紀都大了，這樣真的不行。所以這些事情我只好通通扛下來。半夜聽到他們在那邊裝貨的聲音，不管再怎麼累，我都還是趕快穿上衣服去樓下幫忙搬貨。三天兩頭這樣，誰的身體受得了？」

我小心探問：「你覺得你會生病，是因為太累了？」

他哭了：「我本來以為回家幫忙爸媽，讓他們不要太累才是孝順，可是我現在這樣，什麼事都做不了，還要他們奔波照顧，讓他們傷心。我都不知道當初那個決定是對是錯……」

我把床旁桌上的衛生紙拿給他：「你生病之後，爸爸媽媽有說什麼嗎？」

他擦了擦眼淚：「他們去問了王爺，王爺說我會生病，是擔了全家人的業障，如果不是我回家來，就是爸爸或媽媽要生病。這樣想想，還好是我生病，我年輕，可以撐得住這些痛苦。但我也警告我爸媽，他們的心態跟生活方式要改變，要不然沒有第二個我可以幫他們擋住病痛了。」

我微笑著說：「你現在病成這樣，講這些話一定超有說服力！」

他暗沉的眼神忽然一亮：「這麼一說，好像真的是耶！他們現在會說，不需要用命賺醫藥費，那些半夜才下急單的客人，不值得我們真心相待。昨天我媽才說，原來晚上把手機關機，不用擔心有人臨時叫貨，可以好好睡一覺是這種感覺。」

「為什麼以前我好說歹說，他們都不聽，非要我躺在這邊不能動了，變成廢物了他們才願意停下來？」他很激動，哭得更加傷心。

我問他：「你這次撿回一命，才能看到爸媽的轉變，而且是往你希望的方向。孝順的代價真的很大，但終究換來你想要的改變。你的意思是這樣嗎？」

他把左手從被子裡抽出來，有點吃力地捲起袖子：「心理師，給妳看。」

在左手臂上，有一個刺青。

「這個不倒翁是我，我身上揹了九個珠子，妳知道這代表什麼意思嗎？」

我搖搖頭。

「這兩個黑珠子是我爸媽，這四個紅珠子是我四個姊姊。」

「我剛回家時，其實很怨恨他們，把這些事讓我一個人扛。但是後來我生病、復發，躺在床上的時候，常常想起全家在一起講的話、做的事，我才發現他們很愛我，也有勸過我。以前只是一直覺得自己很可憐，他們都不懂我的犧牲。但其實他們默默承擔了好多事，我不是一個人扛著這個家，我們是連在一起的一家人。」

我發現還有三個珠子沒有著色，指了指他的手。

他接著說：「這是留給我老婆跟我小孩的。她以前都說，我又不一定是跟她結婚，所以不准我把她刺在這裡。可是妳看，這段時間都是她在照顧我，我真的很想娶她、照顧她，跟她好好過日子……」他哭個不停。

女友也坐在一旁默默掉淚，不發一語。

我輕輕拍了拍他的手：「今天你講了好多心裡話，生病之後，好像讓你發現很多不一樣的事。」

他眼角還掛著淚：「我以前都覺得自己很可憐，家裡責任都要我扛，是他們只顧著賺錢的行為讓我生病，造成我沒辦法過自己想要的生活，最後居然還被困在病床上。」

「這次醒來的時候，我原本還在想，為什麼要讓我醒來？為什麼不讓我一走了之？」

「可是當我醒來之後，女友告訴我這幾個禮拜大家為我做了什麼，才知道原來這條命是我姊姊四處奔走，才能從醫學中心的加護病房轉回來這裡；爸媽居然把倉庫賣了，說要付我的醫藥費，打算就此退休，不要再讓我擔心；我也才發現，她一直在守著我，等我回來。」

他深情地看著坐在陪病椅上的女友：「原來，不是我這個不倒翁扛著我的家人，而是，他們這條珠鍊，緊緊拉住了倒下的我……」

此時，他與女友都已淚流不止。

某次，在我敘事治療課程的工作坊上，邀請一位自願的學員上臺做敘事對話的示範演練。學員談起她養育特殊兒的負擔與困境，過程中數度落淚。那次的演練，一如前面的故事案例對話，雖然有許多的情緒與淚水在這當中流動，但我並沒有多加探索與引導感受這當中的情緒，也沒有使用大部分助人工作者習慣的「聽起來妳……，妳感覺……」這種簡述語意加上同理情緒的句型。而是透過當事人生命故事的擴張與探索，好奇提問，了解在持續而難解的困境當中，她是如何堅持努力而從未真的放棄，也從中找到改寫接下來親子故事發展的新方向。

示範會談結束後，擔任觀察員的學員舉手說：「老師，我覺得妳沒有『接住』她。」有幾位同學也認同地點點頭。我有點吃驚，因為我在對話中，感受到的是她與家人努力面對困境的愛與力量，即使曾經陷入絕望，但也沒有墜落，那麼，又何來的「接住」呢？

於是我問與我對話的當事人：「剛剛的對話，妳感受到什麼？」

她說：「老師妳的確沒有要接住我的意思，但我還是有感受到老師的溫暖跟理解。妳沒有刻意去觸碰情緒，反而讓我覺得很安全。因為我其實很怕跟人談到家裡孩子的事，每次談都覺得好無助，也怕情緒蔓延到大哭失控，造成別人的困擾，自己也很羞愧。而且情緒發洩之後，還是無能為力。」

「但這一次跟老師對話完，我對自己、對兒子，有很多新發現，發現其實我們都很努力，但我們各自想建立的家庭秩序不太一樣，原來，我不能又想當媽媽，又想當朋友，這樣反而讓兒子很混淆，好像沒有規則可循。其實我可以更像媽媽一點，主動去建立家裡的規則與秩序，如此一來，孩子才會更明確地知道家裡的秩序，或許才會更穩定，也不會總是覺得我不公平，要跟我吵架。」

當生命故事的主調是悲傷、絕望、自責、失去自我價值感時，透過「雙重傾聽」（double listening）的方式，試圖去聽出在他故事中沒被說出來，但可能支撐著他撐過困境的力量與信念是什麼。我推測病人是因為現在發生的這一切，違背了他人生故事中原本堅持的信念與夢想，因此，在對話中，我想讓這位沮喪落淚的病人，可以多談談他真正重視、付出許多努力的事情。

這些信念與夢想或許並沒有消失，只是轉換了形式，
或是被陸續發生的不幸所遮掩、奪走了所有人的注意力。

仔細傾聽那些一開始沒有被說出口，而是透過好奇探問，讓他說出來的另外一個版本，重新審視並重寫了自己的家庭故事，**逐漸從「個人承擔」的悲劇英雄視角，轉化為「共同面對」的溫暖家庭視角，這個自我犧牲與埋怨的故事，轉變為家人之間對**

彼此的付出、承擔、相愛。

疾病帶給肉體的摧殘與傷害並未消失，但透過敘說中的「發現」與「看見」，重新詮釋自己與家人的關係，知道自己為何而活、為何而奮戰，將能改寫故事接下來的發展。

回顧生活中受到支持的經驗

你是否也曾在家中、在職場、在社團、在班上，或是在很重視的社群中，有「都是自己在扛」的孤獨感？閱讀完前面的故事案例後，你的內心深處是否也被觸動了呢？

✺ 請停留在這樣的觸動中久一點，拿出紙筆或打開手機的記事本，列出三件你曾經認為是自己「一個人扛著」的事情或任務。這些事情當中，還有哪些人也參與在其中？盡可能列出來。

✺ 試著站在這些人的觀點與視角，一一模擬，他們在這些事情或任務中，抱持著怎樣的心情或狀態？他們在自己的位置上，默默做了哪些事，其實是給你支持或幫助。

✺ 回到自己的位置，重新看待你與他們的關係，是否能認出過去忽略的連結與支持？

✺ 帶著這些新發現，接下來的你，回頭去面對那件原本是自己「一個人扛著」的事情或任務時，會產生哪些不同的想法與行動呢？

試著整理這些新發現，如果有機會與當時參與其中的這些人相遇，選一個氣氛不錯的時刻跟他分享。

Chapter 3

曾經的不理解

不受歡迎的心理師

或許是因為你很了解自己，
知道承認死亡會讓人失去希望

那是一位表情木然的女病人，看不出是癌細胞轉移到腦部造成的木然，還是打從心裡對於生命走到盡頭感到絕望。

我每天早上跟著安寧病房的護理師，潛入她的一方空間，從噓寒問暖開始，一天一天，漸漸打開她的心房。

她喜歡拉著我的手，像要好的國中女生一樣，跟我說著大大小小的瑣事，還有好多的心情。當然，也談到了她心底最私密也最擔憂的「死亡」。但她的先生，不知道是故意還是白目，總會在病人快要說出心聲時，用非常隱微但又無傷大雅的方式，讓某些話題戛然而止。

終於有一天，先生直接跑到護理站跟我說：「妳不要再去找我太太講那些有的沒的，她來醫院就是要專心治病，講那些都沒有用。」

我有點莫名其妙：「你是指什麼事沒有用？她還滿喜歡跟我說話的，我們上次不是還……」

他打斷我：「妳們上次居然直接講到『死掉』、『死後』什麼的，她怎麼可以想這些？妳怎麼可以跟她提這些？她是要好好治病活下來的人耶！」

我聽了，心中滿是委屈，忍不住反駁：「我只是聽她講她想談的事啊！」

他有點激動：「妳一聽到她談這些，就應該打斷她，叫她不要亂想，跟她說她會好起來。妳是怎麼當心理師的，難道不知道求生的意志力很重要嗎？」

我知道那是他的不捨與害怕失去，但那些橫衝直撞的怒氣與指責，也讓我忍不住心生防衛，當下實在沒有餘力同理和承接這位先生滿是尖刺的心情。

啞口無言又不知所措的我，在後來的那一個禮拜，不敢再踏進那間病房。

直到某天，我在安寧病房裡的交誼廳，開唱卡拉ＯＫ，先生用輪椅推著太太出來看熱鬧。太太看到我，好開心，一直伸出手來，想握住我的手。站在她身後的先生，一臉嚴肅跟我使眼色，要我離他的愛妻遠一點。

我假裝沒看到，像開演唱會的大明星一樣，跟坐在搖滾區的熱情歌迷，一一握手。伍佰跟萬芳合唱的〈愛情限時批〉前奏響起，我看到他們夫妻倆已經移座到沙發上，雙手輕輕打著拍子，嘴巴似乎也跟著哼唱。

我二話不說，立刻遞上兩支麥克風，他們夫妻倆開心地唱著歌，我趕忙到護理長辦公室找數位相機。是的，那是個還沒有智慧型手機的年代，連數位相機都是昂貴稀少的東西，當年街上還有「照片沖印店」，可以帶著記憶卡或膠捲去照相館把照片洗出來。

她倚在丈夫肩上，笑得燦爛，我按下相機快門記錄這美好的一刻。

隔了幾天，我拿著相片，心想這麼棒的禮物，是不是能敲開先生的心房，讓他願意讓開一條通往病人心裡的路？

沒想到，先生一把捏皺了那張照片，大聲質問我：「為什麼要拍這種照片？她整個頭髮都是白的，那是化療，那不是她！妳為什麼要拿這種照片來折磨我？妳到底有什麼毛病？」

我嚇壞了，完全不明所以地被他怒吼指責，直到護理長急忙走過來把我們分開，安撫先生的情緒。

過了幾天，病人出院了。

因為她家在大臺南地區的另外一頭，所以轉給鄰近的醫院做安寧居家服務，我就再也沒有她的消息了。

兩個月後，我接到醫院大廳服務臺打來找我的電話。一個囁嚅的男聲，我聽了好久，才聽出來，他是那位病人的先生，也才聽懂，他不敢上來安寧病房，希望我下去見他，他有事要告訴我。我怕死了，怕他又飆罵我什麼奇怪的罪名。但我知道，我必須下去見他一面。

他瘦了好多，也變得好老，一下子沒認出他來。他一見到我就說：「林小姐，我是來跟妳道歉的……」一句話還沒說完，就泣不成聲。

突如其來的轉折，讓我一時反應不過來。

他說：

「她走了之後，我好想她，想她為什麼還是離開我了。我看到妳幫我們拍的這張照片，才發現，我們已經好多年沒合照了，這一張竟然是我唯一能找到跟她的合照。原來，她本來就會走，我再怎麼否認，她都會走。」

「她回家之後，一直在生我的氣，不想跟我說話。我好痛苦又好生氣，我跟她不該是這樣的。如果，當時我讓妳多聽她談談死亡；如果，我也願意聽她面對死亡的心情；如果，我勇敢一點，跟她一起面對死亡，如果……」

過了這一段時間，他終於意識到，當時憤怒又抗拒的他，是氣自己面對死亡的無能為力，是恐懼將要孤身一人，是悲慟即將到來的死別，是想要用盡微薄的力氣，抗拒死神的逼近。那些無以名狀的紛亂心情，化為一觸即發的怒罵，七傷拳就這麼一拳拳打在心理師身上，也打碎了他與妻子最後的連結。

傷人的七分，他還能以道歉與悔恨來化解，但傷己的那三分，又該如何痊癒呢？

心理師在醫療服務系統中，不見得是受歡迎的存在。癌症病人來到醫院治病救命，雖然感受到身心痛苦與壓力，但不會預期在住院期間遇到心理師來訪、談話。

這類對於心理專業介入沒有預期的服務對象，在助人專業領域中，稱之為「非自願性案主」，讓天外飛來的心理師，更像是一個推銷心理服務的行銷專員。所以，在這麼多年的臨床工作中，當我開口自我介紹，就被病人拒絕或質疑的次數還不少。

客氣一點的人，會尷尬地笑說：「我應該不需要吧？」「我沒有憂鬱症啦！」「蛤？醫生是覺得我怎麼了嗎？」不耐煩的人，會語帶怒氣地說：「我又沒瘋！」「說來說去還不是這樣，多說多難過而已。」

還沒清醒過來的人，會疑惑地問：「什麼師？行李師嗎？我們還沒要出院，需要收行李了嗎？」還有些防衛心強的人，會挑戰地說：「要輔導我也很會，你要講什麼我都知道。好啊，你要勸我什麼？」

心理師在專業訓練上的必備基本功是傾聽與同理，建立互信的對話之後，才算進入真正的「工作」，專業訓練的歷程，把我們的職業性格打磨得比較沉穩、習慣反思，一言一行都很謹慎。

因此，面對這樣的挑戰與質疑，加上民眾對於「心理」的無邊想像，往往在會面的初期，需要花一些時間說明來意、建立信任關係。與其說是穿著白袍、掛著識別證的醫療人員，倒不如說是「推銷客製化心理服務」的行銷人員。

所幸，最近幾年有越來越多與「內向者怎麼做行銷」相關的探討，市面上有不少與行銷相關的專書，比方《安靜是種超能力》、《絕對達成！業務之神的安靜成交術》等，提供我們在這種處境下的心理建設與生存之道。

病人或家屬對心理師到訪提出的質疑，反映的是他們在漫漫疾病治療長路中的不安與孤單。在帶刺的防衛底下，沒有說出口的那些話，或許是：「我都幫不了我自己了，你能幫得了我嗎？」「我這麼努力撐到現在，不想在你們面前表現出脆弱，怕一說出口我就要瓦解了。」

助人專業的傳統養成法，讓我們習慣從對方的脆弱面或情緒面著手，「聽起來你很焦慮、無助」這樣的話，雖然感覺像是助人者在貼近與同理他們的心情，但卻是一直以來努力撐過死亡威脅的病人與家屬們，最不想被提醒的真實感受，越說越難過，那就不要再說了吧！

因此，我會反其道而行，告訴他們，我在探視之前先看過病歷，知道這一路走來他們經歷了多少難關、病人一直都很努力在面對各種打擊與挑戰，也因為家人的愛與支持，過關斬將走到現在，肯定他們在抗癌上展現出來的勇氣與相互支持。

理解他們是硬著頭皮、莫可奈何戰到了現在，我並不是要來挖開傷疤、要他們承認自己的脆弱，好讓我大展身手提供協助。**我想先扮演「抗癌鬥士生命奮鬥故事」的見證者，認出他們面對生命困境的力量到底是什麼。這些力量，可以帶領大家面對接下來的挑戰。**

或許，也讓我成為力量的傳遞者，把奮鬥抗癌的故事，傳遞給下一個被困住的人。

而故事中的先生，在他無助啜泣的那一天，我告訴他：「因為你很愛她，很想保護她，當時你只是誤以為不談、不聽，就可以維持太太的求生意志，抱持著希望活下去。或許是因為你很了解自己，知道承認死亡會讓人失去希望，而沒辦法繼續陪太太。當時，我們都沒辦法預知未來，只是用各自的方法在愛她、陪她。看看照片裡的你們，笑得多開心。我相信她也希望你記得，即使在病痛與死亡的威脅下，你們兩個人還是可以保有這麼幸福的時刻。」

理解在表象之下的真實想法

在泥濘中掙扎前行，抱怨、絕望又憤怒的同時，偶而還能抬起頭來欣賞路邊的風景，感受一絲清涼之後再繼續奮力向前，大概是人類獨有的能力。當身邊有朋友或同事陷入生命困境的負能量當中，出現了沮喪、易怒、煩躁的狀況，而持續抱怨時，試著去猜猜看，那些他沒有說出口的「另一面」是什麼。

✴ 例如抱怨：「我再也受不了，為什麼他可以一直這樣對我？」

猜猜這當中可能的力量：他們兩人之間的關係，或許還有一些值得珍惜之處，所以長期以來他願意容忍與接納。那些值得珍惜的關係是什麼？現在是否還存在？兩人的關係可以如何改變，讓過去的美好與連結重新回到兩人之間？

✴ 例如憤怒：「你為什麼這麼白目，硬要講一些觸霉頭的事！」

猜猜這當中可能的受傷：談這些事情，可能會碰觸到心中最害怕面對的事情，所以用憤怒、大聲，想讓我感到害怕，阻止我繼續說這個話題。對方或許還沒準備好面對這件事，但已經意識到這件事的存在。他害怕面對的那件事是什麼？真的發生會對他造成怎樣的衝擊？有哪些方法可以應對？

✺ 例如得意：「我兒子在國外工作，很忙、很會賺錢，所以沒時間回來陪我過生日，你看他買了這麼貴的手錶給我。」

猜猜這當中可能的失望：在國外很會賺錢的兒子，沒辦法給她足夠的陪伴，所以用昂貴的禮物來滿足她，她心中可能有孤單、脆弱的那一面，而羨慕、嫉妒其他擁有親情的人，所以用炫耀、驕傲的態度，透過貶低別人來滿足自己的自尊。她真正期待的親子關係是怎麼樣的呢？是否有其他更好的表達方式，可以讓她感受到更舒服的人際關係？

還有哪些在人際關係中，讓你招架不住的溝通方式？或許這與對方正在經歷的一些內在狀況有關，而非針對你這個人。退開一步，思考看看，有哪些對方沒說出口的力量、遺憾、渴望，理解之後，或許有機會突破溝通中的僵局。

我就這麼背叛了她

讓自己從過去的關係中鬆綁，
為自己的人生重新尋找意義

我蹲在她的輪椅前，仰頭看著她，她拉著我的手，說著一開始發現診斷與治療的崎嶇歷程；說著第一次癌症復發的治療期間，她帶著一疊塑膠袋，一邊反胃吐著，一邊跟房仲四處看房；說著第二次復發轉移到腦部時，她隻身前往花蓮的醫院開刀。說到了這一次住院，醫師終於跟她提到安寧，但她還沒打算放棄治療。

我的腿好麻，這才發現，我們維持這樣的姿勢會談，已經快要一個小時了。

「妳先生呢？」我知道她有兩個還在念小學的女兒，但在剛剛的故事裡，孩子的爸爸似乎缺席了。

「他哦，跟他說他也不懂，太優柔寡斷了，靠他的話，我們現在一定連房子都沒有。我自己來，省事多了。」

她的逞強，有點孤傲。

照顧她的那一個月，終於在她善終的那天，看見了她先生跟兩個女兒，三個人趴在她身上泣不成聲。

因為聽了太多她對先生的抱怨，看到那一幕，我的心情有點複雜，但我還是善盡職責，帶著他們跟病人四道人生。

我跟兩個小女孩，牽著媽媽已經冰冷的手，擦上淡色的指甲油，不知道是不是我眼花了，當兩個小女孩微笑地說：「我們讓媽媽變得好漂亮！」已經失去生命徵象半個小時的病人，右眼滑下了一滴眼淚。

我遞了一張名片給愣在一旁的先生，說：「她這幾年真的很拚，為了家、為了孩子，撐過很多難關，也對你們有許多掛念。如果之後你或孩子在適應上需要幫忙，可以打個電話跟我約時間聊一聊。」

他拿著名片，一臉木然地僵在那裡。

我心中升起一股怒火，她曾告訴我的那些逞強、委屈、抱怨、孤單，一下湧上心頭，真心為病人的死去感到不值。

一個多月後，我居然接到先生的電話，他說他雖然已經回去上班了，可是只要一下班回到家，就會「當機」，好幾次在客廳哭到睡著，也沒辦法照顧孩子，兩個孩子現在先委託給小姨子跟岳母照顧。他不知道該如何面對接下來的生活，只好找我求助。

我約他來醫院跟我談，卻在他的敘說中，聽到另外一個版本的故事。

「我們相戀了十年才結婚，一直都很相愛，但她生病之後，卻一直把我隔絕在外。我不懂她怎麼了，不知道她要去哪裡、做什麼治療，她總是已經規畫好、安排好，臨出門前才告訴我。我好想陪她，但她總說孩子不能沒人顧，要我在家裡守著。我想知道她的病情跟接下來的治療，她都說這些她自己決定就好。」

「房子也是，她從來沒有跟我提過她想買房子，簽完約才告訴我，說這裡的學區比較好。我沒有質疑她的安排跟決定，但妳知道，當房仲告訴我說：『你太太那天一邊看房一邊吐，嚇死我了。』我的心有多痛嗎？」

後來，我跟他約了每兩個禮拜見一次面，慢慢梳理他們兩人之間從相識、到相戀、結婚、育兒、生病、治療、死別的歷程。

終於，他可以動手整理太太的遺物，不再打開衣櫃就大哭；他可以把兩個女兒接回來一起生活，在廚房裡試圖複製太太煮的排骨雞泡麵蒸蛋；甚至，他進化到想帶著孩子一起去做之前太太一直反對跟禁止的事。

「我念大學的時候是柔道社的，老婆總是嫌我練完柔道很臭，都看不懂我的帥。以前我跟女兒玩，想教她們互摔，但她都會生氣，警告我不准把女兒教得太粗魯。我很不服氣，柔道可以訓練專注跟禮儀，還可以讓女兒有能力保護自己，怎麼是粗魯？」

「怎麼說呢？上個禮拜帶女兒去報名柔道課的時候，心情好奇怪，一方面覺得，讚！終於可以光明正大跟女兒一起練柔道了，但又好像背叛我老婆，那種『妳現在管不了我！』的僥倖感，混雜著悲傷，真的好奇怪。」

我問他：「你怎麼消化這些心情？」

「我很愛她，從我們在一起開始，就一直很愛她。我以為愛她就是順著她，即使要失去自己去成就她的期待也無妨。可是到了後來，她卻埋怨我懦弱、優柔寡斷，凡事都要她做決定、做安排，認為我不是可靠的男人，讓她那麼辛苦。」

「但年輕時的她，選擇跟我在一起，應該不是因為我的百依百順、忍氣吞聲，而是因為我很強壯、有肩膀讓她依靠，不但可以保護她，還會尊重她。只是，相處久了，為了愛她，或是說，那是我自以為是的愛，我卻失去了自己，也失去了那個她可以依靠的男人。或許，做回我自己，做回那個有力量、可以做決定的我，才是她愛的那個人。」

「如果能早一點體悟這個道理，沒有讓我們之間變成那樣，她生病之後的那段日子，會不會願意讓我加入她的戰鬥？如果我跟她並肩作戰，而不只是搞不清楚前線狀況的後勤支援，現在的她，一定會笑著碎念說，我們家裡怎麼出現了三個又粗魯又臭的傢伙吧……」

在喪親的哀傷適應歷程，仍活在現世的家人，思緒往往會在現在與過去之間擺盪，對照著現在的處境，懊惱過去少做了些什麼。在擺盪整合的過程中，常會有許多心情，甚至是自我懷疑：

- 當時的我做錯什麼了？
- 如果可以重來，我一定會／不會……
- 我怎麼可以有「他走了，我就能鬆一口氣」的感覺？
- 這樣的我，是真的是愛他嗎？
- 我沒有遵照他的「遺願」去做，是不是背叛？

像這樣不自覺的「事後諸葛」與自我檢討，是真實無比的自我指責，會誘發內疚、後悔、傷痛、自責的痛苦情緒，讓人夜不成眠。

暨南大學社工系的蔡佩真教授提到，在失去親愛家人的日子裡，喪親者可能會有「鬆綁解放」的經驗，從習慣以對方為重心的生活中，漸漸轉移到重視自己的主體性，尤其過去如果在關係中，存在著緊繃與衝突，當家人已經不在，也就缺少強制性的束縛，不需要由那位家人的觀點看世界、看自己。

在意識到自己從過去被束縛的關係中鬆綁，初期可能會自我譴責「不守信用」、「背叛」，但如果能持續透過自我對話、與親友一同追憶逝者、在生活中嘗試新的可能性，再加以回顧感受，或是透過心理治療有意識地去對話，不斷梳理、消化、尋找意義，也能更順利地從逝者的價值觀與信念教條中解放出來。

漸漸允許自己有不同的觀點與做法，也為自己的人生真正承擔起責任。

當緊密生活、共組家庭的兩人，硬生生地缺了一角，活下來的人總會在「自己」與「逝者」之間擺盪許久，最終找到一個整合性的平衡點。就像這個案例故事中的先生，**為自己的新行動**，**賦予了正面的意義**，由「背叛」轉化為「她愛的是原本強壯有主見的我」，將新的信念與行動整合進自己與孩子接下來的人生。

面對失去的練習

「哀傷是一輩子的功課」，回想過去在生命經驗中曾經遇過的重大失落，可能是家人或毛孩的離開，可能是失戀或絕交，也可能是心愛而重要的東西遺失了，或者是身體的重要器官、能力不再堪用。

選一件對你來說具有重大意義的失落事件，回想一下，從那件事發生到現在：

- ✸ 你的人生發生了哪些改變？
- ✸ 你是如何帶著這樣的失落，一路走到現在？
- ✸ 這個失落，現在在你心中的哪個位置？
- ✸ 你能認出它送給你哪些生命的禮物嗎？

如果可以，找一個跟你一起經歷過那件失落事件的人，聊聊上面這幾個提問，在對話當中有哪些新發現？

老天使

跟孩子談死亡的用意，並非是
以安慰去消弭擔憂的心情

「維君，加護病房之前有沒有跟妳說過一個職災的病人，這幾天在談要拔管的事，妳那邊知道嗎？」

接近午餐時間，餓到頭昏眼花的我，接到安寧共同照護護理師的電話。我用肩膀夾住話筒，一邊登入醫院的病歷系統查找病人的資料，根據安寧共照護理師告訴我的床號，找到那位三十多歲男性的病歷記錄，他在工廠發生嚴重意外，腰部以下整個被重機具夾住，嚴重失血，同事發現時已經沒有心跳呼吸了，是119的緊急救護員、醫院急診，一路到加護病房的積極搶救，把他從死神面前硬拉回來。

年輕體壯的他，雖然奇蹟似地撐下來了，但因為事發時失血過多、缺氧太久，腦部受損相當嚴重，住院加護治療兩個禮拜，仍然靠著機器在維持他的生命徵象，也即將要進行腦死判定。

英文專有名詞堆砌起來的病歷記錄，理應陳述理性科學事實，我卻讀得驚心動魄。雖然這是他一個人的事故與治療，我難免聯想起他的家人，要怎麼面對突如其來又了無希望的一切？

「ICU那邊還沒跟我講哦，你繼續說，現在我們要怎麼協助？」我眼睜睜看著電腦螢幕上的時間越過了正午十二點，快告訴我重點，我要讓等一下的午餐知道，它們將為誰而戰。

「家屬這幾天在問拔管善終的事，可是父母跟太太的意見不太一樣，而且病人還有個五歲的女兒，我請加護病房那邊跟家屬說，這幾天可以多讓女兒過來看爸爸，可是他們有點擔心小孩過來的時候，不知道該怎麼陪她，引導她……」

「所以事務性跟醫療決策的事情，你們已經在談了，我只要處理小孩的部分就好了嗎？」釐清重點與分工，這樣才能在緊迫的時間內，把有限的人力資源放在刀口上。

「對，就是這樣！我跟ICU那邊說，小孩來的時候就打電話叫妳過去。」安寧共照護理師做了結論，掛上電話。

我們都需要好好吃個午餐。

下午兩點多，加護病房的護理師打電話來了：「學姊，妹妹來了，我們先讓她在病人旁邊畫畫好嗎？」

這麼多年來，安寧療護與心理照護，與醫院裡各個單位合作交流，有不少既專業又溫暖的醫護人員，不僅熱心，更有具體的方法與程序，可以讓面臨生離死別而哀傷無措的家屬，在心情上有所依靠。

當我進入門禁森嚴、各種維生醫療機器環伺的加護病房看到她，她正認真趴在小小的床旁桌上塗色畫畫，桌上散落著幾支色鉛筆。病人的太太坐在病床的另一側，拉著他的手，貼在自己臉上，不時輕聲在他耳邊說話。我拉了一張椅子，跟孩子一起坐在病人的床邊。

「兩位好，我是心理師，我叫維君。」我一貫地拿起識別證，給母女倆看，也跟太太點頭示意，再轉向問孩子：「妳叫什麼名字呢？」

小女孩看向媽媽，媽媽跟她點點頭。她告訴我，她叫妍妍，五歲多快要六歲了，現在念大班。

看到母女倆這個無聲的互動，以及妍妍後來跟我說話的樣子，我知道她是一個很有安全感，同時也有人際界線的孩子。媽媽是她現在主要的安全堡壘，只要媽媽穩定、媽媽在身邊、媽媽點頭許可，她就可以放心在陌生的地方探險、跟陌生人一起玩、知無不言。

我指著她剛畫好的那幾張圖，請她說說圖畫裡的人物與故事。色彩繽紛的２Ｄ平面畫中，有一個大人、一個小孩，看不出是站著還是躺著。圍繞著大大小小的方塊與彩色的線條。

妍妍說：「這是爸爸，這是我，爸爸受傷很嚴重，我來保護他。妳看他像機器人一樣，在醫院裡充電。」

仔細一看，圖畫中大人的眼睛被畫得粗黑厚重，跟眼前這位病人充血而突出的鞏膜有幾分相似；而畫中那人的雙腿，像是穿著橫條紋的褲子一般，有著密密麻麻的橫線，難道是雙腿粉碎性骨折的痕跡嗎？

我猜，已經有人好好地告訴過她，這段期間，爸爸發生了什麼事，而她可以怎麼做。

我繼續跟她聊天、看她畫圖。妍妍的手使勁地畫著，嘴巴也沒停：「爸爸要去天上當老天使，以後就不會回家跟我們一起吃飯了。這是爸爸最神氣的大車子，會載我去海邊釣魚，爸爸每次釣到魚又放回海裡，因為魚也想跟爸爸媽媽在一起。」

「我跟爸爸、媽媽都戴著皮卡丘的保護罩，可是爸爸的保護罩被壓壞了，所以換成我跟媽媽來保護他。爸爸以後不會回家了，如果看不到爸爸，很想念、很難過，以後媽媽就是爸爸，抱媽媽就可以同時抱到爸爸。」

我聽妍妍說著，心中分不清楚是感動還是感傷，這個家庭中的大人，即使承受著沉重的哀傷與痛苦，還有向資方求償、死因相驗等司法事務的瑣碎繁雜，但仍然願意好好地、用孩子能溝通理解的話語，告訴她事情的來龍去脈，告訴她未來生活即使巨變，仍有保障。

五歲的妍妍即使能這麼說，但不見得百分之百理解接下來要面臨的變化與挑戰。當她可以轉述大人告訴她的事，就表示這些詮釋現況的方式，會成為一種支撐她的內在信念，或是用來因應外在不友善的質疑或威脅時的回應。

離去前，我跟妍妍還有太太說：「妳們兩個女生這麼棒，把拔一定捨不得離開妳們，我聽到妍妍說，以後爸爸要去當老天使，但還是會和媽媽一起守護這個家，連我都感受到你們一家人的幸福。」

我遞了一張名片給太太：「如果妳們以後在生活上或適應上，遇到真的跨不過去的難關想要找人討論，聽聽專業的建議，記得可以跟我聯絡。當然，我也期待下次相遇時，是聽到妳們的好消息！」

兒童在成長的過程中，因為腦部功能以及對世界的認識與理解，都還在累進增長中，因此常因為有決策力的大人，認為兒童「不懂」、「會怕」，將他們隔絕在臨終與死亡的場景之外；或是過於高估兒童對死亡的理解能力與承受能力，低估了失去親人對他們帶來的衝擊。

對於仍需要成人保護養育的兒童來說，在父親或母親等主要照顧者死亡前後，可能會被迫搬遷或更換照顧者，在生活的常規上發生變動，甚至是失去唯一可理解孩子表達、尊重孩子需求的人。這些「連帶性失落」（secondary loss）[8]對孩子的情緒與生活適應帶來的衝擊，遠大過於思念卻不可得的憂傷感。

而對即將到來的喪親、死亡，**越是能開放溝通、接納情緒、允許表達的家庭系統，越能互相幫助彼此復原**，並且及早建立生活改變的過渡性歷程。

讓孩子陪伴病人臨終的過程，參與喪葬儀式，是孩子將死亡概念與失落經驗，整合進入自己內在歷程，並產生因應能力相當重要的基石。尤其身邊的成人，可以陪著孩子，詳細告知現在怎麼了，為什麼要這樣做、這些儀式代表的意涵，並在孩子提出疑惑或好奇時，能不厭其煩再次說明。讓臨終與喪葬儀式的脈絡性更為完整，孩子能

8 連帶性失落，指的是喪親之後，隨之而來的一連串失落。就像是石頭丟進平靜的湖面，激起一圈又一圈的漣漪，這些漣漪就是連帶性的失落，可能包括了：日常生活改變、家庭角色轉變、經濟狀況變化、失去情感支持、未來計畫改變、身分認同衝擊。

更有效地整合這些新奇的經驗，並且在這當中創造新意義，去適應未來的生活。

其實跟孩子談死亡的用意，並非是以安慰去消弭擔憂的心情，也不是無謂地勇敢、不怕死。

而是透過說明來龍去脈，分享心情與應對對策，讓孩子知道那些擔憂可以有人一起承擔。

但如果只是讓孩子行禮如儀、攑香綴拜、順從就好，阻止孩子透過好奇詢問解答心中的困惑，反而會因為這種片面性、缺乏理解的儀式行為，加上周圍哀傷緊張的氣氛，讓孩子徒增恐懼與創傷。這些情緒與認知適應歷程的阻滯，很容易造成在未來的喪親適應中，因為困惑或是缺乏支持接納，而產生情緒與行為上的困擾，不可不慎。

親友死亡對你的影響

一個人的「死亡」，會帶給周遭世界怎樣的影響？誰的死亡，會是你首當其衝，產生如漣漪般的連帶性失落？請列出這位重要的人，然後：

✺ 寫下這個人在你的生活中，扮演了哪些角色？（例如，廚師、司機、情感支柱）

✺ 想像一下，如果這個人沒辦法再執行這些角色，你的生活會產生哪些變化？

✺ 平時你是如何看待與應對，這個人為你的付出與價值，是否在無意間視作理所當然？

✺ 如果意識到終將失去這個人，以及他為你生活中所做的點點滴滴，現在的你，會在生活中或是與他的關係中，做出哪些調整與改變？

做完這些練習與反思後，有什麼新發現？你打算在生活中或人際關係中，展開哪些新行動？請將這些新發現與新計畫記錄下來，並提醒自己開始實踐。

當愛長得
不再像愛，你還能
認得出來嗎

妳只是被巫婆詛咒變成怪物，
妳永遠都是我最愛的媽媽

當愛長得不再像愛，你還能認得出來嗎？

當媽媽長得不再像媽媽，你還能認得出媽媽嗎？

那位四十出頭的年輕媽媽，住進安寧病房時，下肢的淋巴水腫已經非常嚴重，用「象腿」比擬她塞在病床裡難以翻動的兩隻腿，毫不為過。

一個身體，兩個世界。

腰部以上的她，骨瘦如柴，幾乎可以看到骨骼的樣態，更糟的是，癌細胞極度罕見地轉移到眼球，她的右眼球被手術移除，打開眼罩做傷口護理時，是一個深陷的黑洞。她就這樣被異樣的身體，囚禁在病床上。

平時我們會推著她到交誼廳唱卡拉ＯＫ，她可以在床上坐起來跟志工玩幾場撿紅點，她會在我們幫她床上擦澡時，講幾個無傷大雅的黃色笑話。

相處兩個禮拜下來，我總以為她的靈魂已超脫了身體，依舊享受活著的自由。

我問她：「要放暑假了，妳家三個寶貝要不要帶暑假作業來這邊寫？」

她說：「不用了吧，他們很皮，會吵到你們受不了的啦！」
我不死心：「不會啦，我孩子王餒。」
她說：「沒有人可以載他們來啦！」
我還是不死心：「妳老公過來的時候，至少一天可以載一個吧？」
她說：「這樣太麻煩了，他們來會造成大家的困擾。」
我說：「妳不想他們嗎？」
她愣了一下，眼淚從僅存的那個眼睛，大顆、大顆像一串珍珠落了下來。
原本像在鬥嘴的熱鬧氣氛，瞬間為之凝結。
當時還二十幾歲單身的我，被那樣的場景嚇傻了。

「大姊，對不起，我是不是太自以為是了？」
她搖搖頭，眼淚還是止不住。
「看看我現在這個樣子，人不像人，鬼不像鬼。」
「他們記憶裡的媽媽，不是這個樣子的，我絕對不要他們記得我現在這麼醜陋的模樣。林小姐，妳沒有小孩，妳不懂。」

「我知道我就要死了，然後他們就只能在回憶中記得我。我只想要他們記得跟我在一起時，開開心心、漂漂亮亮、健健康康的樣子。那才是他們的媽媽，那才是他們該記得的媽媽。」

我無言，無言是因為，我太自以為是了，自以為臨終最後的時光，家人就是要在一起，是個無上的真理。我默默地拍拍她瘦弱的手，就這樣靜靜坐在她床邊，好久、好久。

過了一個週末，禮拜一的早上，護理師一見到我，就請我過去找她。

她沒穿病人服，反而換上一件鮮黃色的新上衣，讓蠟黃色的臉看起來更無血色。但她卻燦爛地笑著，開心的跟我說：「林小姐，給妳看！」

她手上拿著一張照片，是她跟三個孩子還有她先生，在病房裡的全家福合照。照片裡的她，用一個皮卡丘玩偶遮住黑洞眼睛。整個畫面，看起來好像皮卡丘也是他們家的一分子。

我嚇傻了！

「妳妳妳，不是說不要讓孩子看到妳現在的樣子嗎？怎麼？」

她對於成功造成我驚呆的反應，似乎非常滿意。

她說：「那天妳走了以後，我想了很久。我跟我先生討論之後，他要我自己問孩子想不想來，他們要來的話，我們夫妻倆，就得先幫他們打好預防針。我打電話回家，三個小孩聽到我的聲音就一直哭，說媽媽我好想妳，我心都碎了。」

「然後我請老大把電話開擴音，跟他們三個說，媽媽現在的身體變得很像怪物，已經跟以前長得不一樣了，看起來很恐怖，所以沒辦法回家。」

「最小那個才小一，我都覺得他傻傻的，沒想到他居然說：『媽媽，妳只是被巫婆詛咒變成怪物，就像費歐娜公主一樣，可是妳永遠都是我最愛的媽媽。我聽聲音就知道妳沒有變成怪物，妳還是媽媽！』」

這時我跟她兩個人，還有旁邊在工作的護理師，哭到鼻涕都流下來了。

「姊姊問我說，媽媽，妳會不會死掉？我們是不是快沒有媽媽了？這要我怎麼回答？我只能說，是啊！」

「老二就是一直哭著說，媽媽，我好想妳。我聽到真的是心碎耶，我們就這樣一家人隔著電話哭成一團。後來我就下定決心，聽妳的，讓他們過來。趁我還能動、能講話，讓我抱抱他們也好，要不然他們真的太可憐了。」

「妳看。」她拉拉身上的新衣服，「這是我最喜歡的皮卡丘，他們帶了皮卡丘來給我。他們居然說，媽媽，妳不是變成怪物，妳是進化成雷丘了啦！」

我們就這樣，眼角掛著淚，在病房裡笑了好久、好久。

那天從窗外灑落進來的晨光，是那個夏天，最美好的景色。

「身體意象」（body image）是人對自己身體的觀感與認識，影響著一個人如何看待自己。當身體外觀出現劇烈改變時，這個人可能會自我懷疑、自我批判，擔心自己是否還能被愛、被接納，特別是來自家人、孩子的眼光。他人無聲的恐懼、排斥、不知所措等，這些反應都會影響這個人的自我認同與自我價值感。

因為癌症的侵襲以及抗癌治療後造成的外觀變化，許多身體意象明顯變化而難以自我接納的病人，會預期自己被外界排斥，也無法忍受被他人無預警地傷害或拒絕。因此，會選擇先發制人，在這些預期性的排斥反應實際發生之前，先刻意與外界隔絕，尤其避免孩子來探視。

表面上說是「不要嚇到他們」「希望他們記得美美的我」，似乎是試圖保護孩子心目中美好的母親形象，**實際上，是自我認同的轉化適應還趕不上外觀改變，自尊脆弱、容易受傷時的一種自我保護機制**。透過刻意隔離，或許短期內避免了受傷，但也引發了家人間的分離焦慮和預期性哀傷。尤其對於還仰賴依附著媽媽的年幼子女們，這種瞬間轉身背向的不告而別，加深了他們的不安與困惑。

她的自我保護機制，因我的闖入而出現破洞。在她與先生、孩子電話中的交談，她發現在自以為是的保護之外，還有許多未意識到，卻可以跟家人共同創造的可能性。於是，她與孩子開啟了重寫生命故事（re-authoring）的冒險，她的身體形象敘事，從「人不像人，鬼不像鬼」轉化為孩子賦予的「皮卡丘進化成雷丘」。

寶可夢的系列故事中，「進化」對於寶可夢來說，是一個身心痛苦的蛻變過程，但卻會讓戰鬥力與防禦力變得更為強大。透過這樣的隱喻，**孩子們表達了對於母親外觀改變的理解與接納，也認可了母親在與癌症的戰鬥中，是越來越強大的**。

這些扭曲與傷痕，都是她努力戰鬥留下的痕跡。

替這樣的認可賦予正向意義，重新繫起母親和孩子們之間的情感連結，也吹散了病人鬱結在心中的羞愧感。或許他們都準備好，要開始撰寫這個家庭下一個新篇章的故事了！

自我身體意象練習

修圖軟體與拍照美肌模式的流行，或許反映了大部分的人不是抗拒拍照，就是抗拒照片中真實映照出的身體樣貌。你也習慣用修圖或美肌嗎？還是抗拒拍照呢？這個練習，是準備一起反思關於自我身體意象。

- 寫下三件對自己身體感到自信的部分；接著，在紙的另一邊，寫下三件對於自己身體感到不滿或困擾的特徵。
- 檢視一下這六個答案，想一想，自信或不滿的衡量標準，有哪些是來自於文化社會中，對於「美」、「好看」、「健康」的標準，有哪些是來自於自己內在對於「理想自我」的評價？
- 在這六個答案中，請挑選其中一個身體特徵，想像它是一個附身在身上，有自己情感、意圖、可以對話的小妖怪。想像出這個妖怪可能的長相，試著把它畫出來，並問它叫什麼名字，將名字寫在圖像旁。
- 因為它長時間纏著你不放，身為「宿主」，你應該是最了解它的人。接下來，你要當小妖怪的代言人，替它回答：

- 你平常都住在哪裡？為什麼選擇住在那？
- 你的宿主平常有哪些習慣，是你喜歡的？為什麼？當宿主這麼做的時候，會讓你的威力變大還是變小？
- 你的宿主平常有哪些習慣，是你不喜歡的？為什麼？當宿主這麼做的時候，會讓你的威力變大還是變小？
- 其他人的存在或出現，會影響你的生存或勢力嗎？哪些人的出現會對你有明顯的影響？是怎樣的影響？
- 你來到宿主身上，其實是為了幫助或提醒他？如果是，你想要表達的訊息是什麼？宿主知道嗎？

以上的作業與對話，概念是來自於敘事治療中的「外化」（externalization），也就是把人的「主體性」和「問題」區分開、拉開距離。把被困擾的問題，視為一個糾纏不清的外來物，當我們好好檢視它的習性、動機、剋星、養分來源，甚至是想要表達的訊息時，就有可能找到它留下來的原因與改變的契機。如果覺得一人分飾兩角進行這樣的對話練習，容易感到困惑，也可以找朋友或家人，擔任訪問者詢問你，或許能激發出意想不到的答案。

認識「爸爸」

更重要的是讓他知道妳是媽媽，
妳會守護他、陪伴他

酷熱的夏天，漫長又難耐，天氣終於轉向微涼的秋。

入秋的某個星期一早上，電話在八點整響了起來，螢幕上顯示一個陌生的號碼。

「喂，您好，我是心理師維君。」我的語氣可能還帶點睡意。

對方有點興奮又不好意思：「維君，我是美芳，妳記得嗎？阿倫的太太。」

阿倫是一名更生人，帶著過去做黑手的功夫，跟著村子裡的老師傅，把風雨飄搖的機車行，重新經營的有聲有色。老師傅嘴裡不說，心裡對於阿倫的踏實努力，相當認可，一心想把他認做義子，或許，也是機車行的接班人吧？

當時五十歲的阿倫，遇到了常常來修理老舊機車的年輕營業員美芳。相差二十多歲的兩人，出乎意料地很有話聊，就這麼慢慢走在一起。

兩個人心知肚明，這段感情很難得到大家的祝福，美芳原本打算這年的中秋節，帶阿倫回家參加家族聚會，無論家人是否認可，她都要讓這段感情攤在陽光下，要愛就要愛得抬頭挺胸。

事情來得突然，美芳懷孕了，而阿倫也在此時診斷出肝癌第四期。阿倫很積極的治療，希望能夠重返健康，才能承諾美芳一個美好的新人生，還有守住自己得來不易的幸福。

美芳懷孕七個月的時候，阿倫走了，兩人終究沒有登記結婚。因為阿倫身上還揹著債務，阿倫的妹妹要美芳考慮清楚，以免夫債妻還、父債子還，徒增困擾。美芳對於這短短的幸福竟以這麼決絕的方式結束，難以接受，似乎，什麼都沒了。只有肚子裡的孩子，還有手機裡的照片、對話訊息，證明這段愛情真真切切存在過。

阿倫走的那一天，她挺著大肚子，在我面前哭得不能自已。

美芳的哥哥在一旁看著這個癡心的傻妹妹，不知道是心疼還是生氣，只是默默陪在一旁什麼話都沒有說。

阿倫後事辦完之後，每隔兩個禮拜，哥哥就會載她來醫院，跟我好好地哭一回。美芳說，每次在我這邊哭一哭，聽我說說話，都能得到一些力量，讓自己準備好去面對未來的生活，她想要為阿倫好好養大這個孩子。

美芳生產之後，我就沒有她的消息了。

這一天，接到她的電話，我好意外，沒想到已經三年過去了。美芳在電話裡跟我說，她生了個兒子。兩歲多的小男孩，正是牙牙學語、對世界充滿好奇的時候。

她好想讓兒子認識爸爸，讓兒子知道爸爸是個誠懇穩重、知錯能改，且從不放棄的男子漢。就算之後上了幼兒園，會面對「沒有爸爸」的異樣眼光，她堅信，知道自己「有爸爸」，而且是個這麼棒的爸爸，一定能帶給孩子面對人生困境的力量。

她讓兒子坐在自己的大腿上，一起看著平板螢幕裡，過去兩人交往時的照片，跟他說著爸爸的故事，指著螢幕上的人，要兒子跟著說「把拔」。

直到上個禮拜，她帶兒子去公園玩沙，原本認真挖沙的兒子，不知道看到什麼，突然站起來搖搖晃晃，口裡喊著「把拔」、「把拔」。美芳大吃一驚，趕緊跟了上去。沒想到小男孩指著一個男性候選人的競選旗幟，開心地回頭要跟媽媽確認，這是把拔。這一幕讓美芳的心碎了，又氣又急地把兒子從旗幟旁拉回沙坑。

美芳在電話裡問我：「難道教他認識爸爸是錯的嗎？他會不會以為只要是成年男性，都是叫爸爸？他怎麼會以為旗子上印的人是他爸爸？我到底該怎麼辦？」說著說著又哭了起來。

聽到這樣的狀況，我一時也啞口無言，只能先拿出心理師的同理心萬用語句頂一頂：「妳很努力想要讓兒子認識爸爸，而妳兒子也很努力在認識這個世界。」

腦子正快速運轉，我想努力理解這個兩歲孩子的現有能力，是如何理解這個世界的，然後解釋給美芳聽：

「美芳，妳的孩子才兩歲多，以他的小腦袋瓜，只能認識實際存在這個世界裡，可以觸碰、感受、命名的一切，所以那些他沒辦法實際看到、摸到、感受到的東西，現在的他是無法搞清楚的。妳別急，每個人都會有追根究柢、尋根的衝動，等孩子再長大一點，可以理解什麼是『想念』、什麼是『愛』、什麼是『意義』的時候，自然就會問妳很多有關爸爸的事。」

「現在，更重要的是讓他知道妳是媽媽，妳會守護他、陪伴他、餵養他；讓他知道那是花、那是樹、那是車車、那是家，讓他認識他正在享受的這個世界，就夠他忙的了。」

我頓了頓，美芳的啜泣聲停了，我繼續說：「我知道阿倫一直都在這個家裡頭，守護你們母子倆，妳很心急要讓孩子認識爸爸，不過現在孩子的理解能力還不到那裡，很容易就搞錯了。他或許也不懂，為什麼那天媽媽的反應會這樣，如果太過心急，反而會讓孩子覺得困惑或害怕哦！」

美芳冷靜下來了，應該有把我的話聽進去：「心理師，那我什麼時候可以教他認識爸爸？」

我說：「我知道阿倫對妳來說真的很重要，妳也希望阿倫對孩子一樣那麼重要。不過，現在妳先好好教他認識這個世界吧！至於爸爸，等孩子上學之後，或許當他看到其他人的家庭跟自己不太一樣，等他提問的時候，自然可以好好教他。如果等不及，那麼大概五歲時，孩子會開始怕黑、怕鬼，想像那些看不見的東西，應該就有能力理解在天上看顧他的爸爸了！」

發展心理學家皮亞傑（J. Piaget）觀察到，幼兒在認識世間萬物時，會透過每天與外在世界的互動，先在小腦袋瓜裡建立事物概念的大類別，稱之為「基模」（cognitive schema），然後就開始把生活經驗中遇見的新事物，逐一吸納，分門別類，放進既有的基模中，稱之為「同化」（assimilation），是一種比較省力的學習方式，但卻很可能出錯。

例如，一開始在路上看到四隻腳、毛毛的動物，媽媽說：「那是狗狗。」孩子學會之後，可能看到四隻腳、毛毛的、會喵喵叫的動物，也會指著說：「狗狗！」這時候媽媽就會糾正他，說：「不是哦，那是貓咪，會汪汪叫的才是狗狗。」這時候，孩子發現既有基模沒辦法同化新的知識，需要另外建立一個「貓咪」的基模來放置新的經驗，這種建立新的基模與經驗類別的心理歷程，稱之為「調適」（accomodation）。

美芳遇到的狀況，其實就是幼兒在成長發展的過程中，建立對世界的認識時，過度使用「同化」而發生的常見錯誤。**透過大人的回饋與修正，改用「調適」的認知機制，建立新的認知基模，以拓展對於世間萬物的理解，這個歷程可說是再正常不過的成長必經之路**。

但因為這孩子誤稱的，可不是貓咪狗狗那麼中性的事物，而是媽媽心中情感最為糾結的那一塊，所以當小男孩興奮地跟媽媽分享他對於世界的新認識時，就這麼誤觸了哀傷的警鈴。

我告訴美芳的，即是基於幼兒認知發展階段可能達到的能力，讓她在自己殷殷期盼的焦急心情之下，拉開一些距離，去欣賞這個聰慧男孩在認識世界的努力，並且願意等待孩子發展出足夠的認知能力，再去實現自己心目中「一家人」的想望。

情感連結的練習

如果身邊有一位像美芳這樣的親友，正獨力照顧著稚齡的孩子，並且想讓孩子持續與已離去的父親保有情感連結。請試著陪伴她與孩子，進行以下的練習與討論：

一、理解兒童在不同成長階段的心智發展能力

✷ 停下來觀察並回想，孩子目前對於世界的理解與表達方式。例如，如何辨認不同的人在他生活中扮演的角色？是否會在不同的環境或關係中，表現明顯的好惡或緊張？

✷ 如果孩子某些表現在無意中觸碰到「美芳」的哀傷，邀請她回顧當時的情境、心情，以及她如何回應孩子。再比對孩子現有的理解能力，試著以孩子更能理解的方式，重述當次事件的來龍去脈，說明自己在哀傷與思念當下，會需要孩子怎樣的陪伴與協助。

✷ 引導「美芳」想像，隨著孩子成長，理解能力更成熟時，會希望孩子如何認識父親？列出一些未來可用來認識父親的故事，甚至可以透過朋友、AI或是心理師的協助，做成小篇幅的故事書，消解當下的焦慮。

二、辨認出哀傷的影響力，化作教養的養分

✺ 鼓勵「美芳」回想幾個在丈夫離去後最難調適的心情，這些心情如何影響她面對孩子的教養方式？例如，對孩子過度保護、對飲食過度限制等。

✺ 請「美芳」思考自己希望給孩子的支持和愛是什麼？希望孩子成長為怎樣的大人？

✺ 前述「用來認識父親的故事」中，有哪些可以進一步延伸出父親的愛與人生觀？

✺ 跟孩子分享這些故事，並對應到生活中已經開始在實踐或觸碰的部分（而非在孩子犯錯或做不到的時候，拿來比較或說教），以此強化與父親的情感連結。

三、保持連結，繼續守護

✺ 引導「美芳」想一想，她希望孩子從這些父親的故事中學習到什麼？例如，家人之間的支持、知錯能改、勇氣等。逐步將悲傷轉化為陪伴，也讓隱形的父親持續發揮影響力。

媽媽妳為什麼不愛我

心中的力量被童年的苦與現實的壓力，
蒙上塵埃，試著重新將它擦亮

下午四點五十六，打完最後一筆會談記錄，正讚嘆著自己的工作效率可以準時下班，辦公桌上的電話響了起來。

猶豫了一下，我還是接了起來：「您好，這裡是血腫科，我是心理師維君。」電話那一頭的男人，哭得傷心，嗚嗚咽咽地說些什麼，一時間沒聽懂。

等他收拾好情緒，我才把片片段段的訊息連起來。原來，我們在兩個禮拜前，一起準備了他媽媽的善終。

當時，病人跟我們說，她很年輕就離婚了，離婚時經濟條件不是很好，但還是拚命掙得了兒子的監護權。

當年她兒子只有國小，母子倆相依為命，她含辛茹苦把孩子一手帶大，但兒子專科畢業後就去外地打拚，自己也體諒年輕人工作忙，不想為了生病的事常常打擾他，能自己處理的事，就盡量自己來吧！

醫院裡的照護團隊，多半是女性，不少也已為人母，知道她的家庭背景之後，相當體諒她的逞強。因此，大家對於病人在跟我們互動時的那些斤斤計較與固執，多了一分包容與不捨。

與此同時，我們難免對於她一手拉拔大的兒子，看待媽媽的醫療如此消極、疏離，有點難以忍受。無論是請看護、營養品，還是任何需要自備、自費的項目，打電話跟他確認或請他準備，他總是不耐煩地回應說：「她自己有錢，你們問她，有需要的話叫她自己付錢就好了。我在上班，沒辦法一直跑醫院！」

即使到了病人彌留臨終之際，護理師引導他跟媽媽道謝、道愛、道歉、道別，他也只是皺著眉，淡淡地說：「我們家不講這個。」

讓護理師為之氣結，覺得這個兒子未免也太無情，更是為病人打抱不平。

在病人過世前幾天，我終於見到這個負評如潮的兒子。

他氣急敗壞地跟我說：「心理師，妳來得正好，再這樣下去我真的要瘋了。」

我耐著心裡的煩躁，好好傾聽了他埋怨在困頓忙碌又諸事不順的生活中，還要煩心醫院的諸多詢問與要求：「你們一直打電話來要我做東做西的，搞得工作快丟了，女朋友也說要跟我分手，難道醫院要負責嗎？」

連珠炮似的抱怨，讓我有點恍神，終於來到會談的尾聲，我盡可能溫柔、和緩地跟他說：「謝謝你在壓力這麼大的狀況下，還願意撥出時間過來醫院處理媽媽的事。」

這個煩躁的男人突然大哭起來。

他一句話也沒說，似乎是哭夠了，看看手錶，接過我給他的衛生紙，擦了擦臉，只淡淡地說了一聲：「我要走了。」就起身離開。

連句客套話也不說，真的，很沒禮貌。

這一天，電話裡的他，跟我們見面那天一樣，大哭著。

我疑惑，他怎麼會想到要打電話給我；我猜想，啊，難道，失去母親的他，終於允許自己好好釋放壓抑的哀傷了嗎？

他哭著哭著，開始說起他的童年生活。

他說，離婚後的媽媽，白天到公司上班，晚上留戀牌桌，好似刻意跟他避不見面。贏錢了，喝酒自己慶祝；輸錢了，喝酒自我麻痺。

當時還半大不小的他，總是一邊心驚膽戰地寫著功課，一邊等門，等著醉醺醺又沉默不語的媽媽回家。

一個人的家，好孤單、好可怕。

媽媽的身體在家了，但心靈上、生活上，他卻不像「有媽的孩子」。那個年代，還沒有「冷暴力」這個詞，他只是隱約知道，媽媽的眼裡看不見他。

當年的他，每天都得想盡辦法，讓自己看起來像個一般的、正常的、不引起太多注意的男孩，以免被同學嘲笑、霸凌，以免被老師關心，要做家庭訪問。他必須守住酒鬼媽媽的祕密，他必須要把「堅強的單親家庭子女」這樣的人設給扮演好。

他總期待著每個禮拜天爸爸來探視的日子，終於可以吃頓正常的飯，有個人可以好好說說話；襪子破了、衣服舊了、戶外教學要繳錢了，爸爸雖然會碎念，但至少錢是拿得出來的。

但，禮拜天的爸爸開始失約了。一次、兩次，他大概猜得出來是怎麼一回事，卻不敢多問，深怕一旦戳破爸爸的現況，他連生活中僅有的依靠都要破滅。

國三的某一天，爸爸跟他說：

「你也知道，我已經再婚，那個阿姨跟我的小孩快要出生了，我想好好維持那個家，不要再重蹈覆轍。你媽既然為了你的監護權，當年讓我那麼難堪，那就是她要負起責任好好照顧你。」

「我有家要養，以後可能也沒辦法買東西給你，或是額外給你錢了。媽媽那邊，我會跟她講，你們兩個要好好相處。」

那張畢業典禮的邀請函，就這麼一直藏在他的口袋裡。他知道，已經沒有人願意接受他的邀請了。

我們難免會預設立場，認為天下無不是的父母、天下父母心、母親真偉大。但世界上確實存在著不少有毒家庭，在孩子年幼不得不依賴父母的時候，父母沒有將愛分給孩子，反而將孩子視作成全自己的工具。可能是為了金錢利益，可能是顧及自我形象與認同，可能只是吞不下那一口氣，硬是把孩子留在身邊，卻造成孩子心理受傷而不自知，甚至是懷著惡意，故意傷害。

酗酒的母親情感疏離、父親再婚後切斷聯繫，他渴望父母的愛與保護，卻遭受雙重遺棄，但他仍努力存活著。加上華人社會對「孝道」的道德檢視，以及與同儕相比時，自己的不幸可能招致二次傷害，形成「只能靠自己」的生存信念，不敢也不願向外界求援。

別無選擇，只能繼續愛著媽媽、守著家，所有的期待與想像，總是落空，失望。但「有媽總比當孤兒好」。或許在好幾個夜晚，還沒長大的他，曾經這麼對著夜空無聲地吶喊。

在孝道與美滿家庭的框架下，醫護團隊催促著他要道謝、道愛、道歉、道別，就像在傷痕累累的親子關係中大把撒鹽，也讓他感到非常困惑與羞愧：我愛她嗎？我為什麼要感謝她？我可以慶幸她終於要死掉了嗎？如果可以選擇，我也不想遍體鱗傷啊！

聽完他的故事才知道，他要面對的，不只是成長歷程中累積的傷痕與孤單。當他要開始修復自我，在受傷的關係中尋找答案、區分責任時，那個對方，卻已無法好好對話、無力彌補過去的錯誤，那些創傷與疑問，已經找不到解鈴的繫鈴人。

他的苦、怨與哀傷，就這麼硬生生地卡在那裡。

即使我曾經因為他的無理而受傷，但跟他真正經歷過的相比，又算得上什麼呢？當他願意在我面前舔拭傷口、梳理紛亂的心情，我唯一能做的事，**就是盡可能讓出心理空間，來接納與包容他的衝撞，盡可能理解全身帶刺、渾身是傷的他，成長過程中**

被訓練出了哪些生存法則；我也好奇，他的生命中還有哪些故事、哪些人，支撐著他長大成人，不至於自暴自棄？沒有因為傷害與怨恨而自傷傷人？他心裡頭還有哪些力量，被童年的苦與現實的壓力，蒙上了塵埃，我們可以怎麼一起將它擦亮呢？

寫給父母的和解信

「幸福的人用童年治癒一生，不幸的人用一生治癒童年。」在閱讀這篇案例故事時，是否也喚起你記憶中類似的受傷經驗？抑或是，你很慶幸自己在滿滿的愛與支持中成長？

回想成長過程中，與父母或主要照顧者之間，印象最深刻的一件事。仔細回顧當年的事件，以及當中出現的人物與氛圍，最後，那個事件如何落幕。這個經驗對你現在的人際互動模式，以及看待自己的觀點，產生了哪些影響？

將這個事件，及它所勾連出的意義與影響，放進「道謝、道歉、道愛、道別、寬恕、解怨」中，會最符合這六項中的哪一項？請思考過後，寫一封模擬信，給你的父母或主要照顧者。

書寫架構為：

1. 敘說這件回憶故事的來龍去脈。
2. 描述你在這當中的心情與思緒，當時是如何解讀這個事件。
3. 這件事在你的成長過程中，造成了哪些影響。

4. 梳理了事件、心情、影響後，你想對對方說的，是四道人生與寬恕解怨這六項中的哪個項目？

感受在書寫這封信的過程中，心情上的變化，以及對於自己和這段關係，有哪些新發現。

之後可以選擇：

✺ 將信封存起來，做為自己內在整理的作業練習，留存一段時間之後，回頭再次閱讀，感受自己在經歷時間與生命的歷練後，是否對於這件事已轉化出不同的想法。

或：

✺ 遮蓋收件人的相關資訊，與信任的好友、共同經歷過去該事件的親人、你的心理師或導師，分享這封信的內容，並聽聽對方的回饋。

國中時期的課業表現不理想，但他知道，未來要靠自己長大、養活自己，只有國中學歷是不夠的。他花了不少力氣，用國三下學期衝刺自修，擠進有建教合作的五專，揹了學貸。要抬頭挺胸活下來，就只能靠自己。

他牢牢記得，每一次，情非得已要伸手跟媽媽拿錢繳費、買器材的時候，媽媽總是噴著酒氣，板著臉，不發一語，厭惡地把錢丟在地上。

而且，每次給的錢都不夠。

「心理師，我小時候曾經很恨她，妳知道嗎？可是我不斷告訴自己，她是我媽媽，她把我生出來，給了我一個遮風避雨的家；我不斷告訴自己，她從來沒有打過我。我很努力在生活中找證據，證明她像其他人的媽媽一樣，是愛她的孩子的。我很想相信，她還是愛我、在乎我的。可是，真的好難、好難……」

「她住院的時候，看我的眼神好像很高興、很期待。她會摸我的臉，我的手，好像這麼多年來，終於發現她有一個兒子，終於看見我的存在。我不知道該怎麼辦，我不知道哪個她才是真的，她讓我好錯亂。我不知道我對她來說，到底算什麼？」

「妳知道嗎？我離開跟她一起生活的家快十年了，心中有多害怕這個地方堆積的回憶。現在她死了，我卻必須要回來處理她留下的一切。」

「天哪，她怎麼有辦法住在這種地方？所有的東西亂堆一通，我找不到她的存摺、印鑑，也不知道她到底有哪些東西要結清，我被困在這裡三天了，不知道該怎麼辦。」

他忽然又放聲大哭起來：

「心理師，我、我在我媽的電腦裡，發現她之前被詐騙了六百多萬，我覺得好噁心、好噁心！她跟一個自稱是馬來西亞的華僑，互稱老公、老婆，在網路上認識的，根本沒見過面。還一直匯錢給他，這種詐騙的老哏，我看他們的對話覺得好噁心，我媽，她寧可去借信貸匯錢給沒見過面的男人，卻連我的註冊費都不願意幫我出，我……我……」

他哭得上氣不接下氣。

「心理師，我到底該怎麼辦？可以丟下她的一切，什麼都不要管嗎？我可以一走了之嗎？她都不知道，我為了她的事情跑醫院，一直請假，被老闆炒魷魚，跟女朋友吵架、分手。然後我學貸也還沒還完，現在因為她被詐騙，還得繼續揹她欠銀行的債……心理師，我到底該怎麼辦？」

我盯著時鐘，秒針、分針，一分一秒的過去，一邊認真聽著電話，耳朵好痛，心好痛，頭也好痛。

然後我默默拿起自己的手機，發了訊息請我兒子同學的媽媽，先幫我把小孩一起接去她家：「不好意思，我工作還沒做完，今天又要麻煩妳了。」

在即將六點的時刻，我完全無法開口告訴他：「不好意思，太晚了，我得去接小孩。」因為，這個時候，我覺得即使自己只是努力當個及格的母親，都會狠狠刺傷他。我只能拿著話筒，靜靜地，聽他一股腦地說、奮力地哭。

終於，話筒的那一端，哭聲漸歇，傳來擤鼻涕的聲音。

我好不容易從喉嚨擠出一句話：「你光是要活著，就已經用盡全力了，你能平安長大，真的很不簡單。」

男人又哭了起來：「我很努力，我真的一直都很努力。」

「可是、可是，我的媽媽……」

他吶喊著：「我的媽媽，她為什麼不願意愛我！」

我也為之語塞。

思考了很久，我才開口：「你找個時間，來醫院跟我談一談好嗎？隔著電話，我只能這樣聽你說。聽起來你的心情跟生活都一團亂，我們當面好好談談，好嗎？」

他吸了一下鼻子，似乎也同時在整理心情，然後故作冷靜地說：「不用了，我以後也不會再找妳了，這些是我該要去面對的事情。講再多，都還是自己要去處理，醫院就是照顧生病的人，人死了就沒你們的事了。」

「我打這通電話，只是想用我媽付帳的這支電話，講很多話，讓她為我做的事情付錢，就這樣而已。」

我有點尷尬。但，就讓他媽媽心甘情願為他付這麼一次錢吧！

我問他：「那你等一下，還要用這支電話，打給誰好好說說話嗎？」

他似乎愣了一下，用螞蟻似的聲音，說：「呃，沒有。心理師，妳下班吧。妳替我們母子做的事情也夠了，妳放心，我只是很迷惘，但還沒傻到為這些事情去自殺。我知道心理師在外面收費都很貴，今天這通電話，就當作我媽媽幫我付了一次諮商費吧！」

還來不及搭腔，電話便傳來「嘟……嘟……嘟……嘟……」。

他在那一頭掛上了電話，留下這一頭癱坐在椅子上，悵然若失的我。

「不見棺材不掉淚」，許多病人在重病、面對死亡、失能需要依賴他人照料時，才意識到自己身而為人的脆弱性，看待人生種種事務的重要性排序，會產生很大的變化。有些人會激憤地怨天尤人、情緒勒索身邊還願意付出照料他的人，把所剩無幾的「愛的存款」消耗殆盡；但也有人會浪子回頭、放下屠刀，感恩且珍惜家人的探視與陪伴。

像故事中的這位病人，在躺臥病床的最後時光，再次與渴望被愛的兒子重逢，她終於不吝給出了愛與珍惜，但也造成兒子極大的困惑，尚在消化自己與母親之間愛恨交雜的糾葛時，面對遺物整理時揭露出的祕密，竟是另一個打擊。

遺物整理是很多家屬難以跨過的傷，也是在喪親之後，延續時間最長的連帶性失落。一方面，睹物思人、觸景傷情，擔心「丟掉他的東西是不是丟掉他」，內心十分煎熬；而面對有囤積習慣的往生者，更是讓家人一邊整理，一邊心疼「為什麼要把日子過成這樣？」

最可怕的是，往生者一生的祕密，會在物品整理的過程中被攤在陽光下。如果是美好的回憶或珍藏的寶藏，還能成為家人有形或無形的遺產，繼續守護這個家。但如果是不可告人的祕密、不堪入目的照片或日記、難以理解的荒謬收藏品等，帶給家人的困擾，不只是物品處理與垃圾清運在體力與財力上的支出，更是心靈上的折磨與耗損。

聽過太多家屬在遺物處理上的痛苦經驗，真心感謝臺灣現在有「居家整理師」這個新興產業，能找到專業的幫手，有效率、有技巧地協助陷落在遺物堆中茫然無措的家屬，看見一道曙光。

而我自己，在二〇二〇年完成整理師的培訓與認證之後，開啟了我的整理之路。這幾年，陸續把年輕時期的照片、書信、日記、歷年來的各種定情之物，都一一銷毀，省得留下心頭大患，心裡頭真是清爽許多。

長時間面對各種物品的取捨抉擇，發現我的「整理肌」似乎也越來越強壯。

不論在心靈上或人際關係上，能更清楚知道自己要什麼、不要什麼。

該拒絕、該割捨、該封鎖的，全都可以很乾脆地慢走不送。

回到臨床工作上，我也會鼓勵那些意識到自己生命有限的癌症病人，開始整理自己的物品。例如，書籍、珍藏物、手工藝材料與半成品等，及早處置，拍賣、轉讓或是傳承給能夠珍惜善用的人。

物品越多，家裡可用的空間越狹小；家裡可用的空間越大，病末臨終時，回家居家療養的可能性就越大。至少，家裡可以快速空出一塊地方，放置病床跟製氧機啊！

生前整理練習

「生前整理」，是近年來在超高齡化的日本逐漸盛行的一股風潮。這邊帶領大家，踏出生前整理的第一步，透過整理物品，了解自己、釋放記憶，並減少未來在遺物整理上的負擔。

✵ 巡視你最常待的生活空間，選出至少三樣對你而言意義深刻的物品。
✵ 這三樣物品分別是什麼？各自象徵你人生的哪個階段？它們為什麼有這麼重要的象徵性？
✵ 當你面對自己「生不帶來，死不帶去」的狀況時，會希望它們各自傳承給誰？或是如何被安排、處置？

把這些思考與決定記錄下來，並著手作適當的安排，同時反思自己所擁有的物品，如何在未來不成為他人的負擔？如何在日常中持續完成物品的清理，減少囤積壓力？

媽媽都是妳的錯

這是我生產的故障品，
還是要由我來負責保固

那是一位傷心欲絕的母親，坐在女兒病床旁，神情恍惚。

像這樣悲傷的老人家，我見過不少，但這位失了神的老太太，卻是在哀傷之餘，背影同時浮現了許多許多的困惑。

醫師的照會單上，罕見地寫了很多字：「病人責備媽媽之後就con's loss，家屬哀傷」。con's loss是指「loss of consciousness」，也就是意識已經陷入昏迷。如果是發生在末期病人身上，多半也暗示著生命已進入臨終階段。

總之，我得先了解一下前面的劇情是怎麼一回事，所以我問了一連五天負責照顧她的護理師。

護理師跟病人的年紀差不多，之前因為主責照顧她好一陣子，兩人似乎特別有話聊，她生病至今的事情，就這麼被護理師如偵探般拼湊起來。

原來，這位四十歲上下的單身女性，在診斷出癌症之後，為了熬過辛苦的抗癌治療、想在痛苦中找到靈性層次的意義，於是，她四處參加身心靈的課程與活動，花了不少錢，也結交了一些氣味相投的朋友。

身心靈的廣泛探索，讓她深信人體的無限潛能，卻也讓她質疑起現代西方醫療背後的商業脈絡。

漸漸地，她認為西醫的抗癌治療，是違反人體本質的，自己的病況有所改善是因為心靈的調養，以及極端的飲食控制「餓死癌細胞」。至於西醫抗癌治療，她擔心「還沒病死，就先被醫死」。

某天，她暗自下定決心，要脫離醫院的「造病」，靠自己的自癒能力跟老師的靈力，來喚醒健康的靈魂。可惜的是，靈魂不知道有沒有被喚醒，但肯定的是，身體健康已是一敗塗地。

直到她與家人失聯兩天，媽媽託人四處找她，才發現她在山中靈修聖地旁的簡陋小屋裡，不知道已經昏迷了多久。送來急診的時候，她嚴重的貧血，極度瘦弱，更糟的是，居然還發現她有病理性骨折。

她的癌症，不僅失控復發，還轉移到骨頭了。

醫院裡一連串的治療與照護，讓她恢復了一些元氣，也讓每天在旁陪伴照顧、叨念不止的媽媽，鬆了一口氣。

我問護理師：「醫師照會單上說，病人責備媽媽，是怎麼一回事？」

護理師嘆了一口氣，說：「她前兩天問我，有沒有看過一本書，叫做《家庭會傷人》？她說她在山上靈修的時候，老師帶著她做什麼家庭溯源，所有的人都感受到靈性的振動、靈魂的吶喊，講得超神的啦！」

「然後，她說，她在那一次的家庭溯源裡，體悟到她這一生的苦難，都是來自於小時候媽媽的打罵教育，對她持續的挑剔與責備，讓她承擔過多的羞愧感，所以沒辦法好好愛自己、過度自我壓抑，造就了她的癌症性格，吸引癌症找上她。所以，那個靈修老師建議她，要她物歸原主，不要繼續承擔這些傷害，要還給製造這些傷害的人。」

護理師又嘆了一口氣，搖搖頭說：「昨天下午我發藥的時候，正好就聽到她在『物歸原主』，真的很慘烈。」

我聽不太懂：「什麼物歸原主？」

她說：「我聽到病人跟她媽媽說：『我今天會這樣，都是妳造成的。小時候妳一直傷害我，別人的媽媽都是愛她們的小孩，只有我，一直都感受不到妳到底愛不愛我，所以我才沒辦法愛自己。只會配合別人、討好別人，其實自己一直很委屈，就是這種人格，讓我得了癌症。我現在要把這些傷害還給妳。』」

「我的天啊！雖然她是用很平靜的語調說出來，還帶著微笑跟她媽媽說這些，但她媽媽這幾天沒日沒夜的顧她，我們都怕老太太會累倒，她怎麼會在這種時候跟她媽媽翻舊帳？如果我是她媽媽，聽到這些心都要碎了！」

「可是因為我知道她為什麼會講這些，所以一時間也沒辦法說些什麼，只能眼睜睜看著老太太既吃驚又自責的樣子，真的不知道該怎麼辦。一心只想趕快找心理師來幫忙她們母女倆好好溝通，把這一生的關係糾葛做個和解。結果，誰知道她昨天下午講完這些，一臉心滿意足的睡著，然後就叫不醒，血壓越來越低，今天連尿都變少了。這樣看起來，她可能今天或明天就會走了，她可能講完心裡話『物歸原主』，沒有遺憾了。可是，她媽媽怎麼辦？為什麼要讓一個老人家承受這些？」

護理師越說越激動。

我一時也為之語塞，萬分感慨。

我與護理師都不知道這對母女過去漫長的人生，到底發生過哪些不愉快。但在臨終時刻，這些似是而非的偽科學，卻是以這麼血淋淋的方式，轟炸已經哀傷不已、疲累至極的老母親。實在不知道該怎麼在僅有的時間裡，收拾好她傷痕累累的心靈……

過度壓抑又追求完美的性格，會導致癌症的「癌症性格」理論假說，早在二〇一〇年間，就已被大規模的心理學及流行病學的研究結果所推翻：謙卑的人格以及在人際上習慣壓抑隱忍、過度重視他人需求，並不會誘發癌症。

癌症的成因，主要是基因、環境污染，跟不健康的生活習慣。至於，心理壓力、

性格等，這些心理相關因素的致癌率，微乎其微。

風行數十年「性格致癌」、「責母論」的說法，充滿商機。因為這些說法，一記戳中那些習慣替他人著想而壓抑自身需求的人，說出他們心底最深的恐懼：「這一切都是我的錯，罹患癌症是我自作自受。」也打中那些想為自己人生的不圓滿找到答案的人。

畢竟，長期以來，親職教養的觀點灌輸給社會大眾的是，一個人的人生會出現問題，是源自於「母職」的傷害，甚至連母親們也認為自己一個不小心，就可能危害子女的人生，當子女人生的順遂圓滿，則是因為「孩子自己很努力」。使得「家庭會傷人」、「父母會傷人」的說法，歷久不衰。

母親們在這樣的氛圍下，往往認分地一肩承擔起子女人生中的不美滿，在面對白髮人送黑髮人之際，仍甘願扛起陪伴照顧之責，彌補過去的不完美。

我曾多次聽到病床邊疲累不堪的老母親，愛憐地看著年紀已四、五十歲的中年病人，告訴我說：「這是我生產的故障品，還是要由我來負責保固啊！」「他小的時候，我們都忙著工作賺錢，所以讓阿公阿嬤照顧他，老人家比較寵，我也管不動，他不愛惜自己的身體，現在病成這樣，我也要負起一半的責任。」

無論是「癌症人格」，還是「家庭會傷人」，都是曾經風靡全球的老舊理論，在現在社會中，已被科學論證或多元觀點所推翻。但，當身心脆弱而徬徨的人們，聽到這些似乎可以解答人生困境的說法，心中驚呼「對，好準，我就是這樣沒錯」，便很容易以為找到心靈的救贖與依靠，跟著如此聲稱的「老師」、「上師」上課、靈修，繼續被灌輸似是而非的信念。當病人與家屬把這種信念當作一種虔誠的信仰，隨之而來的，可能就是無止盡的供養、購買保健品、能量天珠與高價課程等開銷。

「救人草藥」的醫療偏方如是，誤用心理學理論的偽科學者亦如是。

偏方與靈修終究擋不住疾病的侵襲，身心靈老師們卻不會因此被告上法庭、被威脅上網公審，也沒有什麼倫理爭議的問題，受害的永遠只有執迷不悟的病人與家屬。

奄奄一息之際，病人可能仍體貼地說：「因為我學習得不夠認真、對話得不夠徹底，所以沒辦法像其他人那樣康復。」

當病人再次回到正規醫療體系時，通常已無力回天。我們也只能像承擔著「責母論」的母親一樣，把治療陪伴的責任扛回自己肩上，用最強大的醫療專業，以及專業的倫理與慈悲，盡可能創造出生命最後的平安。

心之整理習作

重新思考與父母間的關係

在成長歷程中，我們都曾與父母起過衝突與爭執，感受過被愛的溫暖，也感受過不被愛的失落。接著，將一起回顧過往與父母或主要照顧者的互動，從不同視角的理解中，重新界定自己與父母之間的距離。

✺ 拿出紙筆，寫下三個成長過程中，曾感受到受傷或失望的事件。當時，你的心情與對這件事的解讀為何？

✺ 界定出這些事件後，請回想在那個年代的社會背景、家庭經濟狀況，以及父母成長過程中被灌輸的價值觀，試著換位思考，站在父母的角度，猜猜看他們當時這麼說、這麼做的動機、背景，以及，若是不這麼做，他們可能會面臨什麼樣的挑戰或壓力？

✺ 經過這樣的換位思考，再回到自己的位置上，你對於這些事件的解讀，是否有些不同？對於父母的想法與期待，有了哪些轉變？

✺ 基於以上的新發現，你在心裡會如何重新界定與父母之間的相對位置？是更加體諒與理解，以拉近彼此的關係？還是發現必須與父母保持距離，才能顧全自己？

尚未育兒的你，可以先停在這邊，咀嚼一下對這四個問題的回應，如果與父母的互動有機會稍做改變，你在下次與家人相聚時，可能會怎麼做呢？

如果現在你已開始養育孩子，可以把與父母之間關係的省思，進一步對應到自己的教養型態，找出哪些是從父母的教養價值觀複製而來？你是否喜歡這樣的傳承？又有哪些教養方式，是刻意與自己父母相反，以避免孩子受到與自己相同的傷？

Chapter4

不留遺憾，也不再害怕離別

彼岸的約定

讓面對未知而焦慮的人們，
在約定當中重拾掌控感

愛，如果轉生成不同的型態，你願意再次緊緊擁抱嗎？

我有時候會覺得，臨床心理師在安寧療護中的工作堪稱「愛的加速器」。也就是跟死神賽跑時，外掛一個臨床心理師，就會讓愛的能量大爆發。雖然終究跑不贏死神，但至少讓還留在這個人世間，必須要繼續活著的人，得到一份值得珍藏的禮物。

不只心理師，有著相同理念的護理師、社工師、醫師，甚至是營養師、治療師，都帶著這樣的信念，從旁輕推著，讓家人間的愛有更多機會可以被如實表達。

有時候，我會鼓勵已經可以道愛的家人，彼此做一個「報平安」的約定。請病人平安抵達彼岸時，捎來一個訊息，讓此岸的家人安心。而報平安的形式，就要靠家人之間的默契與約定了。

我相信，自我暗示的力量是很強的，人與生俱來的選擇性注意力（selective attention），會塑造一個人對世界的認知與詮釋，所以，這個約定一定會實現，只是，你能不能認出它來。

在安寧病房一年一度的遺族追思會上，我遇到一位外單位的同事，她的父親在我們的安寧病房過世，隔了兩年，她的媽媽也走了。

那天，她跟我說了她爸媽「後來」的故事。

她說：「維君，妳知道嗎？我們帶著爸爸進塔的那一天，我跟我哥、我媽，一直在找我爸。因為前面七個七，他都沒回來，我們很失望。想說已經要進塔了，爸爸你真的這麼快就要去當快樂神仙了嗎？不是約定了在那邊安頓好之後，要捎個訊息讓我們安心嗎？結果，進了塔，儀式做完，關上靈位的門，還是什麼特別的事都沒發生，讓人既難過又好失望，大家都悶到一個不行。」

「從靈骨塔走出來要去開車的時候，門口停了一隻好大、好漂亮，全身都是灰色的鳥。因為我們心情都很低落，當時沒多加留意。結果那隻鳥，居然蹦著蹦著跟在我們的身邊。我媽媽用力踏了地，想把鳥趕走，那隻鳥飛了一圈，就這麼剛好，停在我哥車子的後照鏡上。」

「我跟我媽說，也太巧了吧？該不會是爸？要不然牠怎麼會跟著我們，還飛到哥的車上？」

「那隻鳥就這樣停在後照鏡上，好像在等我們，居然會有鳥這麼不怕人。我心想，怎麼可能？結果我哥走過去，問那隻鳥：『爸，是你嗎？』那隻鳥蹦了兩下，停在我媽肩膀上，輕啄我媽的頭髮。」

「我媽一整個爆哭。又怕動作太大會把鳥嚇跑，她就抽抽搭搭地一直哭，那隻鳥好像在安慰她，繼續輕輕啄著我媽的頭髮。不知道過了多久，我們三個終於哭完了，我媽把手伸出來，那隻鳥就跳到我媽手上，我媽跟牠說：『老公，我知道了，你走吧！』那隻鳥叫了一聲，在我們上面繞了兩圈才飛走。維君，妳說這是不是真的很神奇？那應該真的是我爸吧？」

「去年我媽住院的時候，她一直跟我和我哥說，她覺得灰色的鳥太醜了，她想要變成蝴蝶回來看我們，我們就跟她拗啊，說蝴蝶太小隻了，很難認，而且附近的田噴農藥的話蝴蝶就掛了，風險太高……」

「最後，我媽同意跟我爸一樣變成鳥，可是要是很漂亮的小鳥。我媽，連要死了都還是要漂漂亮亮的……」

她拿出手機，打開相簿，是一隻黃色的小鳥，停在陽臺的花盆上。

「維君，妳知道多扯嗎？我們等了她好久，到處在注意有沒有可能的鳥，跟白癡一樣，見到停下來的鳥就問：『媽，是妳嗎？』鳥都嚇飛了。」

我指指手機照片裡的黃色小鳥，一臉疑惑。

「這是上個月，我們給媽媽做對年，做完對年回到家，發現有一隻黃鳥在陽臺跳來跳去。我家陽臺整個是用氣密窗圍起來的，怎麼可能有空隙讓鳥鑽進來？而且門打開牠也沒飛走，還是在那邊蹦來蹦去。」

「我只是覺得奇怪，反而是我老公說：『欸，那個會不會是媽媽？』然後，那隻鳥就飛到我的肩膀上，輕輕啄我的頭髮，我……我……」

她哭了起來，哽咽地說：

「我就哭了，跟我媽說：『媽媽，妳為什麼讓我等那麼久？』那隻鳥，不是、是我媽，就在屋子裡外繞了兩圈。後來我想去倒杯水，再出來小鳥就不見了。要不是我老公拍了這張照片，還以為那只是一場夢。」

我抽了兩張衛生紙遞給她，兩張給我自己，此起彼落的擤鼻涕聲，迴盪在走廊上。

在那個眼淚鼻涕直流的午後，我對於那些留下鳥屎在我車上的小鳥們，也因此多了點愛與寬恕。

當我引導並鼓勵家人與臨終者「做個約定」，引導臨終者留下「報平安」的線索，其實正是在為他們關注環境的注意力，指引一個明確的方向。

鼓勵人們在當下珍惜彼此，同時也為未來的分離做好準備。

當家人們在心裡頭帶著這個約定過生活時，他們會更敏感於周遭環境中的細微變化，將之解讀為來自逝者的訊息，不一定要透過夢境，而是在生活的線索中也能認出「他回來了！」進而撫慰渴望再相見的強烈思念。

如果家人與臨終者有機會好好「約定」，就像我這位同事跟她母親之間，如同討價還價般的對話，「死亡」便可以由禁忌、恐懼、憂傷交織，因為情緒負荷過重而難以言說的議題，轉而成為生命旅程中的一個自然階段，可以被公開討論，甚至是做計畫。讓面對未知而焦慮的人們，在這當中重拾掌控感，也確定此生相愛的親緣不會因為死亡而斷裂。帶著往生者的愛與祝福，繼續前行，對於生者的療癒，也就能更自然、開放地交織於日常生活當中。

審視與生命中重要之人的關係

想像一下，在目前的人生中發生了一件大事，可能是決定要創業、決定要結婚、知道自己懷孕，或是得知自己得了第四期的癌症。有哪個人或哪些人，是你優先想要告知或是諮詢意見的呢？

請列出兩位能與你一起共享重大決定的人。然後，仔細思考你與這兩位重要人士的關係，並回答以下問題：

✵ 這個人的存在以及你與他之間的關係，對你的人生來說，有什麼獨特的意義或重要性？

✵ 你與這個人之間，有什麼不言而喻的默契，讓你感受到他對你的支持與關愛，即使他不在身邊，也能確信你們之間的支持關係沒有消失？

✵ 這個「默契」如何影響你們當前的互動，以及彼此在對方心中的位置？

✵ 如果有一天，這個人不再出現在你的現實生活中，但你希望他的影響力仍能繼續守護你，請想像一下，你可能會在哪裡以怎樣的形式，再次感知到他的心意？

✺ 如果有一天，有機會可以陪伴這個人的臨終，你會想要跟他做再相見的約定嗎？為什麼？如果想與他約定再相見，你會如何提出這個建議？

請把以上思考的答案記錄下來，找個機會與朋友分享思考的歷程，或是在完成作業之後的「新發現」。也可以透過社群媒體，抒發心中的感觸或想法，讓這些對於愛與祝福的省思，產生更大的影響力。

把愛與牽掛編進妳的麻花辮

持續對話、反思、實踐，在百無聊賴的病床時光中，找到生命的光亮她很年輕，大概三十來歲。在安寧病房，很少看到這麼年輕又還清醒著的病人。第一次走進她的病房區，看到她用力捏著、戳著自己的大腿，甚至帶著怒氣在使力，我相當吃驚。

我瞄了一下床尾露出被子外的腳，啊！已經垂足（踝關節蹠屈）[9]了！這表示她的下肢幾乎是沒有肌肉張力的。回到護理站翻看她的病歷，才知道年紀輕輕的她，已經抗癌五年多，因為腰椎的骨轉移嚴重，不僅讓腰痠痛難耐，更因腫瘤壓迫到神經，下肢已經麻痺癱瘓。別說沒有自主運動的能力，我猜她不時惡狠狠對待自己的大腿，或許，是想測試自己的腿是不是還能有些痛覺吧？

會轉來安寧病房，主要是因為莫名的感染，燒燒退退，一直好不了，加上疼痛控制不佳，一般內科的護理人力比，實在應付不了她頻繁因為疼痛難耐而按鈴要求打止痛針的需求。

「還是到安寧病房去吧！那邊一個護理師照顧四個病人，而且他們對於狀況嚴

9 「垂足」指的是下垂的足部，由於小腿前側肌力不足，讓腳板無法完全抬起。

重的病人特別有經驗，去住個一陣子，把疼痛控制好、感染控制好，妳就可以出院了。」醫生這麼跟她說。

住院的日子，對她來說，特別難熬，每天總要問上個幾次：「那，我什麼時候可以回家？」

腰痛的問題，透過放射線治療還有疼痛藥劑的精密計算，得到很明顯的改善。但她燒燒退退，似乎總有不知名的感染侵擾著。抗生素治療與抗病毒治療交替著，出院總顯得遙遙無期。

據說，之前已經好幾次，只要一談妥出院日期，她就又開始發燒。醫師跟她的丈夫密謀著不要在她面前談「出院」，一旦萬事ＯＫ，就直接讓先生載她回家，說不定這樣才能順利出院。

漫長的住院生活，終於來到了安寧病房，除了一再詢問出院回家的問題，她在我們面前總是一副樂觀堅強，卻又常常無聊到唉聲嘆氣。

那一陣子，我正沉迷於棉線編織，專注一個小時，就可以用勾針做出一個細緻的杯墊，真是紓壓良伴。我想，或許可以跟她分享編織，讓她有個活動可以打發時間。帶上我的DIY教學書、勾針，還有米白色的柔織綿繩，與她分享療癒手作。

沒想到病人相當喜歡，她也曾經是個巧手達人，縫紉、編織、摺紙，都難不倒她。我們兩人像七零年代一邊做家庭代工、一邊閒聊的家庭主婦，手動著，嘴巴也沒停地聊了起來。

原來，她有一個十歲大的女兒，生活能力上雖然相當獨立，但情感層面總還是依賴著媽媽。母女倆怎忍受得了那麼久沒見到彼此？

她好想回家跟女兒一起共享平凡的親子時光，但又憂慮自己腰部以下已經癱瘓，連讓自己好好坐著的力氣都沒有，大小便也沒有感覺，經常都是聞到臭味才知道，得趕緊請人幫忙清理、洗屁股。

「妳看我這樣，回家大概也是廢人吧？會不會造成他們的負擔？我很想她、很想回家，這該不會是我一廂情願？人家都說久病床前無孝子，如果女兒看到我這樣，我還要回家破壞親子關係嗎？」

似乎，沒辦法打理家務、照顧孩子，就稱不上是「母親」；而需要人扶持、洗屁股，就跟「廢人」沒有兩樣。回家，對她來說，既渴望又充滿擔憂。但我卻只能陪著、聽著、跟她一起感傷著，還沒想到能勸說些什麼。

之後，我不時會看見她歪斜著身子，半躺臥在病床上用勾針編織著什麼。她說她打算織個填充娃娃，請我幫她張羅填充用的棉花：「這要給我女兒掛在書包上，當作媽媽護身符！」哇，這是進階班的作品了吧！我的手作功力望塵莫及。

某個禮拜三下午，病人的爸爸帶著現在就讀小學四年級的女兒過來看她。小女孩一臉羞澀，頭髮微亂，衣服上有些黃漬，像是沾到食物卻沒辦法用洗衣機洗乾淨的陳年髒污。

病人看到女兒一副邋遢，皺起了眉頭，招呼我拿梳子跟一張凳子過去給她。我看她按著電動床的遙控器，把自己升得老高，然後在床上奮力側著身子，指示女兒坐在凳子上，背對著她。

她仔細地為孩子梳頭，編織著頭髮，綁出整齊又服貼的蜈蚣辮，在精緻的手作過程中，女兒背對著媽媽，叨叨絮絮地講起這幾天在學校裡發生的事情，老師的趣事、同學的八卦、自己的煩惱。

母女倆專注在編織中的背影好美。我忍不住拿出相機，為她們側拍下這一幕。

連孩子的外公都忍不住感嘆：「女孩子還是要有媽媽顧，頭髮綁一綁，衣服穿整齊，真的是可愛多了！」

我順著外公的話，說：「你們住在附近嗎？如果距離不會太遠，以後要不要早上早一點出門，先載妹妹過來綁頭髮，再讓她去上學。」

外公瞪大了眼：「可以這樣嗎？那妹妹可能要提早一個小時起床哦！她每天都賴床，很難叫起來，我看是不太可能先載她過來綁頭髮啦！上學一定會來不及的。」

孩子倏地站起，差點打掉病人手上正要綁上髮尾的橡皮筋：「我可以、我可以！我會早睡早起，早上來讓媽媽幫我綁頭髮！」

病人愣了一下，眼淚一顆一顆滴了下來，逞強地說：「妳睡飽一點比較重要，趕來趕去的，路上發生車禍怎麼辦？」

我已經忘記那一天的會談是怎麼結束的，也不知道後來外公和小女孩是否有信守承諾，早早來到醫院讓病人綁辮子。

在那之後，我看見病人的精神狀態居然越來越好，不僅編織做得起勁，還開始用手機斷斷續續地錄音。有些是人生道理的叮嚀，有些是女性成長期該如何照顧自己的注意事項，還有很多很多的「寶貝，媽媽愛妳、媽媽最愛妳了！」

咦？錄音給孩子，這不是她入院初期，護理師鼓勵她可以開始做，但她卻遲遲不願開始的事嗎？

在她辦出院要回家的那一天早上，我問她，這段時間她心裡頭發生了哪些變化，怎麼能從無聊的住院生活，變成忙著留下活著的痕跡呢？

她說：「女兒來讓我綁辮子的那一天，我發現，不管我變成什麼樣子，不管我還能不能做家事，我都是她最愛的媽媽。我不能像之前那麼自暴自棄、自我懷疑，因為，我還可以照顧她，這個家有很多只有我做得到的事。但我也知道，癌症正在一點一滴侵蝕我的生命。」

「發現我們還能好好相處的時間這麼少，我才真正打起精神、下定決心，一定要出院回家，一定要陪著女兒長大。未來陪不到的日子，就好好把握時間，留下紀念品給她。或許，是我的意志力被燃燒、找到活下來的意義。這次燒退了就一切正常，感染好了、疼痛控制也都改成口服藥，我終於可以回家了！」

「為母則強」、「意志力戰勝一切」，如果只是口頭勉勵、精神喊話，這些話聽起來只會像是老生常談。在病床邊的心理工作，往往不全然是透過話語或人生道理，來啟動心念與行動的轉變，多半需要創造各種契機與體驗，透過心理師在其間穿針引線、適度提點，重新喚醒原本即將熄滅的生命之火，只要病人與家屬在這當中重新找到希望，就會是他們加速圓滿人生的力量。

匈牙利裔的美國心理學家米哈里・契克森米哈依（Mihaly Csikszentmihalyi）提出了「心流理論」（Flow Theory），「心流」指的是人在全神貫注、完全投入時的心智狀態，在這種狀態下，人們會忘記時間的流逝（時間感扭曲），甚至忽略自身的知覺感受（自我意識減弱）。

這位年輕的媽媽，在專注於編織的過程中，全心投入在編織的心流中，感覺時光飛逝，同時也暫時忘卻身體的痛苦，拋開了對未來的擔憂。

心流狀態與靜心冥想的效果有點類似，都能帶來心理上的平靜和滿足感。在長期病痛之中，無論是手作、禪繞畫，甚至是打麻將、寫數獨、玩手遊，只要是可以讓人長時間專注於當下的手工或益智活動，都能暫時擺脫情緒上的煩躁與無聊，隔絕外在環境的嘈雜與內心的噪音，達到心理上的平衡和寧靜，甚至暫停疼痛、嘔吐等嚴重身體症狀。

編織娃娃，將情感灌注在編織的工作以及成品當中，也是在為孩子創造未來的禮物。這是現階段病人新賦予的生命意義，也重建了自我價值感。

從原本困頓的「我什麼都不能做，只會造成家人的負擔」轉化為「身為媽媽，我還有很多事情可以做」。

收到禮物的女兒，把這個娃娃當作充滿媽媽的愛的容器，甚至是媽媽的替身，讓她可以寄託依賴與情感。這當中隱含著英國精神分析學家唐納德．溫尼考特（Donald Winnicott）所謂「過渡性客體」（transitional object）的意涵。媽媽的實體不在身邊時，仍有一個物品代表媽媽的存在，提供安全感與心理慰藉，協助緩解孩子的分離焦慮，幫助孩子從完全依賴過渡到相對獨立。

在病人身體自由受限的住院生活中，很容易讓「生病」、「失能」、「廢人」這樣的聲音奪去生命故事的話語權，沉浸在身體症狀的痛苦中，心情上也跟著陷入絕望。

如果在「病人」的故事主線中，能夠透過身邊讀者或聽眾的好奇，找到她身為

「人」的原始故事（也就是電影或小說的「前傳」版本）中，可以讓她投入其中、創造心流的活動，當體驗到心流的發生，**病人可以感受到「病」與「人」分開**，一再反覆這樣的歷程，並且持續對話、反思、實踐，就能在百無聊賴的病床時光中，開創新的可能性，找到生命的意義與祝福。

那麼，生命倒數的分分秒秒，就不再是煎熬的「等死」，而是要把握時間，創造出「只有我能做得到」，而且值得傳唱敘說的深刻故事。

心流練習

專注於某個活動時，人會進入一種完全沉浸於當下的心流狀態，也會感受到內心的平靜與滿足。請按照以下步驟，找到讓自己進入心流的方式，感受心流狀態對你的影響。

一、列舉可能會產生心流的活動：

找一個喜愛、能持續專注，且曾經為你帶來滿足感的活動（例如，手工藝、拼圖、繪畫、閱讀、益智遊戲等）。

二、難度分級：

把這項活動，依難度區分成初級、中級、高級。以「繪畫」為例，可以做類似以下的分級：

- 初級：在印有線條圖的著色本上進行著色。
- 中級：臨摹或靜物素描。
- 高級：帶有劇情或象徵意涵的繪畫創作。

三、安排專注時間：

檢視自己接下來一個禮拜的行程安排，找到一段可以排除外在干擾的時間，大約需要三十到六十分鐘，讓自己完全投入這項活動。第一次嘗試時，先由初級活動開始，全心投入這項活動，並觀察自己的情緒變化。持續幾天之後，如果能很快進入專注的心流狀態，就可依序提升難度到中級、高級。

四、體驗與自我觀察：

進行活動時，留意自己是否進入心流狀態。例如，當你全神貫注時，是否感覺到時間飛逝？是否感受到內心的安定？有沒有「忘了自己的存在」？記下當時的感受和經歷。

在這一天的尾聲，請回顧一下刻意的心流練習，是否影響了你當天的情緒、心境以及效率？產生了怎樣的影響？記錄下來，或分享在社群媒體上，或許會有一些意外的收穫。

用保險理賠環遊世界

最後的生命，要活得如煙火般，
短暫卻精采

我在二〇一〇年前後，曾到澳洲的阿德雷德大學（The University of Adelaide），進修安寧療護與哀傷諮商的碩士學位。當時的碩士論文研究主題，是想了解年輕女性陪伴伴侶走過癌症治療與臨終的這段旅程，經歷了哪些內在轉化。

其中有一位四十歲的受訪者，黛伊，她的丈夫山姆原本是一位釀酒師，幾年前突然性情大變，多次在公司、在家裡，出現幻覺、行為暴衝，差點丟了工作。她好說歹說，帶著丈夫去精神科就診，被診斷為「情感性思覺失調症（schizoaffective disorder）」，不僅有妄想、幻覺等思覺失調症的症狀，同時併有重鬱或狂躁的情感疾患症狀。規律用藥了好一陣子，精神症狀雖然穩定下來，但也沒辦法繼續擔任釀酒師了。山姆在職訓中心的輔導下，轉職到清潔公司當第一線的清潔員。

罹患精神疾病，又丟掉原本自豪的專業工作，山姆雖然鬱鬱寡歡，但還是為了家計努力工作。直到有一天，山姆在一整天疲累的清潔工作即將結束時，在垃圾箱前昏倒。公司將他緊急送醫，這才發現，他的精神症狀、行為與性格變化以及突然的昏迷，都跟他大腦裡散布在額葉、顳葉的腫瘤有關。而這些腦腫瘤，在一連串的檢驗與追蹤下，竟是來自大腸癌的腦轉移。

黛伊說：「這幾年來，我們的受苦、不甘心，山姆的人生被奪走的一切，原來不是因為精神疾病。當我們知道這一切都是腦腫瘤闖的禍，鬆了好大一口氣，他終於不用背負著精神疾病的污名了。但卻又悲傷不已，因為，我就要失去他了。」

正值壯年的兩人，為了治療第四期的大腸癌，在當地有名的治癌醫院附近，租了間房子，省得舟車勞頓。

接下來一連串的治療，對於這詭詐的癌症，似乎起不了多少作用。但伴隨治療而來的副作用，卻讓山姆非常痛苦。

「繼續這樣治療下去，值得嗎？」

他們夫妻倆與醫師促膝長談後，山姆決定只保留有助於症狀控制的緩和性化療與放射線治療，而輔助性的症狀控制藥物都盡量改成口服。山姆按照醫師的治療計畫，定期回門診檢查、治療、調整用藥，能不住院就不住院。

這時候，山姆保的防癌險，有一大筆理賠金入帳了。夫妻倆看著帳戶裡暴增的數字苦笑著，用這幾年的身心折磨與即將到來的死亡換來的財富，一夜致富的滋味竟是如此苦澀。

那天夜裡，他們倆聊了很久，談過去曾經享有的美好時光，談這幾年生命上沖下洗所帶來的體悟，談他們兩人接下來僅有的時光，打算要怎麼過。天明之際，夫妻倆人下了一個重大決定，他們要拿這一大筆保險理賠金去環遊世界。只要約定的回診治療時間一到，就搭飛機回澳洲，治療告一段落，再繼續下一趟旅程。

「山姆說，他想要飛到不能飛為止、玩到不能玩為止。」

我按捺著心裡的吃驚，用破英文說：「在臺灣，像這樣的保險理賠金，大概會全部投入營養品、保健食品、自費治療、看護費用，或單人房的病房差額之類的。你們怎能這麼灑脫，捨棄可能讓山姆活久一點的抗癌治療？」

黛伊告訴我，她曾是癌症病房的護理師，非常了解癌症末期病人在積極治療下，會有哪些機會、哪些受苦、哪些遺憾，為了活著，要付出多少代價；而山姆的父親、叔叔、表哥都是癌症患者，山姆自己身兼親密的家人與照顧者，清楚知道癌症病程進展到死亡的歷程，以及接下來在他身上會發生哪些事。

因為這樣的生命經驗，夫妻倆深知，頻繁住院、積極治療，雖然可以換得多活半年到一年的壽命，但也表示，這些珍貴的時間，會被疾病、治療、檢查，囚禁在那一小格病床上。

既然如此，他們決定，最後的生命要活得如煙火般，短暫卻精采。

他們找到了一位支持這個理念的醫師（我的指導教授的指導教授），一同規畫了接下來的治療計畫與方式。遵照醫師囑咐，規律返回門診接受症狀控制的治療，同時也幾乎完成了環遊世界的壯舉。

黛伊笑著對我說：「可惜缺了臺灣跟南極，或許今天與妳相遇，就是要補足這一片拼圖吧！」

山姆真的持續旅行到沒辦法再搭飛機。

眼見山姆四十五歲的生日要到了，黛伊與幾個好朋友，為山姆辦了一個盛大的慶生會，邀請夫妻倆所有的親朋好友都來參加。

黛伊拿出相本，跟我說起那一天，山姆跟他們一一道別，也一一叮嚀，接下來的日子，要怎麼代替他保護、照顧他的愛妻。

山姆過世的前一天，他們在客廳的地毯上相擁共舞，山姆喝了一小杯他最愛的紅酒，吃了一小片起士。然後，兩個人一起躺臥在最熟悉的瞑床上。

隔天清晨，他在摯愛的妻子懷中過世了。

當疾病的治療走到盡頭，往往需要付出很高的代價，犧牲生活品質與自由，竭盡所能去換得有限的存活時間。

或許，我們會羨慕黛伊與山姆的行動力，但又有多少人、多少家庭，願意在人生的尾聲，貪生而不怕死，盡情地揮霍一次呢？

根據中央健保署的統計資料，二〇二三年全民健保惡性腫瘤醫療支出，藥費加上醫療費用的總支出，將近兩億元臺幣，平均每位癌症病人，一年使用約二十二萬的健保診療費用。但我在臨床工作中，仍經常聽到老人家會感慨「有錢判生，沒錢判死」，除了自費藥物與檢驗檢查之外，看護人力、差額病房、特殊配方營養品、往返醫院的交通開支等，都是在健保醫療以外的必要支出。伴隨癌症而來的，也有一些隱形成本，比方病人及陪伴的家屬無法工作而收入減少，因為無法如往常照顧家庭，而需要花錢外食或請人代為處理等。

一個人生病，對於整個家庭的經濟狀況，會造成很大的衝擊。而在經濟吃緊的狀況下，很容易讓病人擔心自己成為家人的負擔，在面對抗癌治療的選擇上，顯得更為猶豫。

也有一群病人，因為過去謹慎理財、投資，擁有足夠的醫療保險，面對癌症、治療、照顧等帶來的經濟衝擊，便顯得游刃有餘，在治療期間享有比較好的生活品質，有更多治療選項可以選，甚至能闊氣、自信地向醫師說：「自費沒關係，有效就好！」

治療期間，經濟上的餘裕，也是一把兩面刃。有錢，就表示有更多自費的治療選擇，能與死神繼續拉鋸，這也意味著，待在醫療裡的時間拉長了。當有更多資源可以投入持續的抗癌治療，在疾病逐漸進入末期時，便更難設立停損點。不只是心裡惋惜著過去那些已經付出的「沉沒成本」，所以不願停止付出，也是因為許多人只是為了活著而活著，卻未曾認真活出意義，導致最後這一段掙扎求生的時間，讓病人與緊密相連的家人都非常痛苦。

小美人魚願意用自己美妙的聲音，去換取人類的雙腿，是因為想要得到愛情，所以在童話故事的最後，她選擇了愛對方，而下定決心變成海上飄散的泡沫，或許，這樣的死亡對她而言是滿足無憾的。

如果有朝一日，需要用金錢與身體自主的能力去交換活著的時間，那麼這段得來不易、彌足珍貴的時間，要怎麼過，才能讓人真心感到滿足無憾呢？

審視自己的財務狀況

如果讀完這篇故事，你也羨慕山姆和黛伊的灑脫，或是思忖著即使面對生病治療，也要能保有自己期待的生活品質，英雄好漢不要被一文錢逼死，那麼，在健康的時候就開始為自己做資產配置的理財規畫，以及找到適合的保險保單，就會是相當重要的一項工作。

首先，請先盤點自己目前的財務狀況與保險狀況，了解目前擁有多少錢、欠了多少債、有多少人身保險，了解這些資訊之後，再來衡量自己的財務現況與理想之間的距離。有關個人的整體財務狀況，可以上網以「個人資產負債表模板」為關鍵字，進行搜尋，會找到許多理財達人在部落格或 YouTube 上，分享如何進行資產與負債的盤點。

網路上可以找到資產負債表的模板表格，也有盤點保險保單的欄位。如果對於保單的內容不盡了解，可以向保險業務員諮詢；如果你的保單分散在多個不同的保險公司，建議可以詢問保險經理人，保險經紀人最大的特點，是能夠分析多家保單，從多家保險商品中，規畫出一套量身打造的的保障內容。

我自己的理財規畫起步得有點晚，是在學習居家收納整理，取得整理師的認證之後，才發現記帳、盤點、資產配置對於個人生活整理的重要性。大約在三年前，我做了完整的個人資產負債盤點之後，確認自己的財務能力以及財務缺口，才開始學習股市投資、知識變現等增加業外收入的方法。也因為做了保單的盤點，我與我的保險業務員，一一審視當時手上的保單以及每年需繳付的保費，停掉了幾張保單，也將某張保單減少單位數，並加保了長照的部位。讓整體保險費的開支減少，但保障範圍更適合我接下來可能面對的生活狀態，以及未來期待的生活品質。

如果你也希望老後或病後的人生，可以多一些餘裕、多一些選擇、多一些圓夢的底氣，請開始盤點自己的資產、負債、保單，並且找出最適合自己的理財、理債方式！

別把我丟掉

透過對話，讓他體會到，現在的
家庭關係並非原生家庭的複製品

平常謙和有禮的男病人，早上與照顧他的妻子大吵一架，妻子負氣回家，把他一個人留在病床上，病人哭了很久。

就連醫師來到病床邊，他依舊精神萎靡，沒辦法聽醫師解說這幾天檢查的結果，以及接下來治療的建議，只是搖著頭喃喃說著：「這樣就夠了，放棄好了……」

主治醫師發了照會單給我，原因是：憂鬱、持續哭泣、對治療消極。

我走到病床邊跟他自我介紹、說明來意。

他抬起頭看了我一眼，隨即又閉眼垂頭，氣若游絲地說：「我爸爸從小就對我很嚴格，所以我的成長過程裡，一直都很壓抑。我想要的東西都要自己去賺、去爭取，可是卻沒辦法擁有。」

「他總是說家裡要乾淨整齊，所以只要家裡有東西他看不順眼，就會拿去丟掉。我常常上學回家後發現我的東西不見了，被我爸給丟了。因此讓我很沒安全感，從來都不知道哪些東西會不順他的意，還是他也想把我丟掉？」

「所以，我一直都很壓抑，也一直很努力，想要讓爸爸知道，我是他可以引以為傲的孩子，不要丟掉我的東西，也不要丟掉我。可是，只要我回到那個家，我就是只能心驚膽戰。直到我爸走了，我都還不知道他到底有沒有認可我。我的妻子，也是看上我有份穩定的好工作，才選上我要跟我結婚，根本不是我選擇她的。」

他輕輕地細數這些兒時傷痛，沒有掉淚哭泣，卻讓我感受到那些刻劃在骨子裡的傷，有多痛。

他的父親，早在幾年前就過世了，他卻擺脫不了自小在家中感受到的被排斥感與忽視。不被父親接納肯定，擔心被拋棄的不安感，導致他連在擇偶時，都無法相信自己能為自己做出選擇，而自認是被揀選的一方。

在面對病痛死亡跟前，這些深埋在內心、自小累積在心中的不安與恐懼，竟然傾巢而出，如此真切地啃蝕他的病體與心靈。

我問他：「聽說你早上跟太太吵架了？你剛剛說，是你太太看上你有個好工作，你好像認為這段婚姻不是奠基於愛情。但現在你病倒了，她還是決定自己來照顧你。這段時間，你有沒有發現，你太太，還有你們之間，有產生什麼轉變？」

他愣了一下：「我沒有想過這些事。」

我點點頭：「是啊，你們每天、每天這樣過生活，太多瑣事讓相處的時間變得很冷漠、很厭煩，怎麼可能相信這當中還有愛，是嗎？」

他一臉不可思議的表情望著我：「心理師，我第一個癌症還沒治療完，還沒辦法接受得了癌症的事實，竟然又發現自己得了另一個癌症。我到上個月都還在上班，可是妳看看我，我現在人不像人，鬼不像鬼，還有什麼資格談愛不愛？我這次住院之前，已經各匯了兩百萬給我老婆跟女兒，其他的，她們就要自己去想辦法了。」

我伸手摸摸他的頭，像在安撫一個脆弱的新生嬰孩：「你覺得是什麼促使你在這次住院之前，做了這一件事？聽起來，對你而言，完成匯款是很重要的事？非得做完了，才願意來醫院。」

他一副疑惑又震撼的樣子，瞅著我：「妳是要說，其實我愛我老婆？」

我搖搖頭：「我不知道那是愛，還是責任，還是什麼其他的信念。但好像有些什麼，驅使你開始安排自己的財產，甚至跟我回顧起這一生。」

他沉默了許久，然後緩緩抬起頭來，我看到他眼角的淚。

他說：「我太太，她從來沒有丟下我。她跟我爸爸不一樣，她雖然不會說好聽話，但她從來沒有丟下我。可是、可是，我怎麼從來都沒有發現？」

他哭了起來。

我遞了一張衛生紙給他：

「其實，我今天會來，還有一個原因，就是醫師不確定你拒絕他建議你去洗腎，到底是因為這次身體出狀況讓你失去治療的信心，還是你有其他的想法或擔心，才不願意洗腎？」

他哽咽地說：「我想說，反正我就要死了，何必再浪費醫療資源？叫我去洗腎又不是治療癌症，我已經兩個癌症了，還要洗腎，一輩子這樣活著有意義嗎？」

我問他：「那你覺得，努力克服這一切，活下來的意義是什麼呢？」

他又沉默了，但這一次表情不太一樣。他低著頭，沉思許久。

「我太太，這幾天看起來好像忽然老了好多。心理師，妳今天這樣跟我說，我才發現，無論是生病還是治病，還是去死，好像都不是我自己一個人的事。雖然女兒以前跟我吵架的時候，她也會說：『你為什麼不去死一死？』」

「可是，那天我跟她說，我給她跟媽媽兩百萬的時候，她沒有開心，反而很生氣。質問我這是什麼意思？是不是覺得自己要死了？比以前吵架叫我去死那次還生氣。以前，我都以為自己是這個家多出來的人，唯一的功能就是賺錢給她們花。既然我已經沒辦法工作賺錢，留在這個家就只是負擔，廢人一個。」

他停了一會兒，請我倒水給他喝。

他從吸管裡用力吸了兩口水，好像品嚐了兩口美酒，舒服地閉上眼睛。

「原來我不是一個人哪！原來，我對她們來說，不是沒用的人，她們沒有想丟下我。」

我輕聲說：「我們這麼努力治療你，也是為了讓你所擁有的、珍惜的人事物，不要被命運奪走。不會有人偷偷丟掉你的東西，也沒有人要丟掉你。」

他張開眼睛，閃著光芒：「嗯，我知道了！我又想起了以前好多好多事，不過現在累了，先讓我休息。妳下次再來，我會告訴妳其他故事，證明我的人生一點都不悲慘！」

二〇二〇年初，我完成了居家整聊室的認證課程，接續一連串的整理實踐、閱讀進修、當整理師去客戶家工作，也當講師授課談整理與心理的關係，不僅逐漸開展了我對於「居家空間」的意識，也讓我知道，要建立一個有控制感、有秩序、每個人各自負起責任的「家」，得從孩子年幼時開始示範、說明，逐步培養。

不過，小靈魂們一身光潔來到這五光十色的婆娑世界，有好多新奇有趣的東西，連公園裡的石頭、樹葉、果實，都想要擁有，那些用盡創意所創造出的驕傲作品，當然通通都不能變成要丟掉的垃圾。

所以，親子收納整理，是一門大學問，也是爸媽們在維持居家空間秩序的一大挑戰。經常在媽媽社團或收納整理的論壇上，看到苦惱的父母們發問：「孩子的東西很多又不整理，可以偷偷丟嗎？」別說偷偷拿去丟了，面對孩子遊戲之後的滿目瘡痍，爸媽何嘗不想大吼一聲：「再不收好，就通通拿去丟掉！」

當家長著眼於家裡的整潔與秩序，而孩子們還在累積人世間的財富，以及體驗「擁有」的滿足感，有時我會想，如果為了家中環境的清爽，而偷偷丟掉孩子的東西，會對孩子造成怎樣的影響？

因此，當我聽到他的自白，對我來說相當震撼。在他的自白中，**似乎印證了過去對於物品的不安感與缺乏控制感，影響到他看待自我的價值，甚至形塑了功利主義的人際模式**。

因為，當孩子發現自己的物品可能隨時消失，這種無預警地剝奪，是來自自己依賴且深愛的父母，使他們難以信任父母，這種不信任也可能延伸到其他人際關係中。**長期缺乏對環境的控制感，會導致孩子懷疑自己的判斷力，變得被動，不願主動做決定，甚至認為自己不夠好或不夠重要。**日積月累，漸漸影響了孩子與他人的正向情感交流與信賴關係的建立，最後習慣於壓抑、懷疑自己的情感，難以建立穩固的情感連結。

理解了他成長過程中在家庭裡所受的傷，我在病床旁的陪伴與引導，時間上不足以重新療癒那個受傷恐懼的內在小孩，但卻有機會透過對話，讓他感受到、體會到，現在所處的家庭關係並非原生家庭的複製品。

拿下了那個不安全、不信任、功利主義的眼鏡之後，重新看見、認識到妻子與女兒對他的關愛與照顧。也透過感受到真實存在於家中的愛，讓他肯定自己生而為人、生而為父親、生而為丈夫，真正的價值。

這個家，沒有因為癌症的威脅而潰散，反而在危機中，更牢固地成為他的後盾。

重新審視與家人互動的模式

如果在閱讀這篇故事的時候，你認出了刻劃在童年時的不安全感，認出了家人之間確實存在著忽略與傷害，但也有許多沒說出口的付出、愛與包容。請回顧過去這兩個禮拜中，與家人間相處互動的點滴：

- 與家人相處或互動時，有哪些時候會感到受傷、不受尊重或不被理解？請記錄下某一個特別深刻的事件細節，以及你在當中的感受與想法。
- 哪些片刻，可以感受到家人間的和諧、被關懷或被珍惜？同樣地，請記錄下某一個事件的細節，與你對此的感受與想法。
- 你的家人有哪些反覆出現的互動方式，會激怒或傷害你？對方是否有自覺這樣的表達方式會使你受傷？對方這樣的行為模式，是帶有目的性地在操弄你，還是他長久以來不自覺的習慣？

華人文化中，相當重視關係的和諧及家人間的緊密相連，有時我們會誤以為家人的情緒或期待，是「我」要負起的責任，或是將家人的認同與評價，視為比自我肯定更為重要的標竿，例如，「讓父親以我為榮」、「不可讓家族因我蒙羞」。使得「認出愛」這樣的任務，讓有些人過度認同家庭與家族的整體和諧或共同利益，進而不斷犧牲與委屈自己，反而陷入更大的自我懷疑。因此，在認出關係中的愛與傷害之後，請進一步學習「課題分離」與「人際界線」的設立。

✹ 在這個家中，愛與傷害如何共存？

✹ 過去是否曾經有過在受傷時，你仍可保護自己、優先照顧自己的時刻？那是一個怎樣的經驗？你會如何召喚出這樣的方式，持續自我關愛？

✹ 在認出愛並肯定愛的同時，你會採取怎樣的方法，與家人之間保持安全的距離，減少互動中的衝擊？

越是緊緊相依的家庭關係，越容易擦槍走火。修復家庭關係或是認出那些沒說出口的愛，並非是勉強你忽略那些受傷，進入與家人密不可分的狀態；承認傷害的存在，也不等於否定愛。透過這個練習，希望我們都能在關係中，辨認出哪些是愛的時刻、哪些是無意或刻意造成的傷害與操弄，進一步將自己的責任與對方的課題劃出界線。

你的專屬保生大帝

在黑暗的通道中，看到了光，感受到力量

阿伯是位風水師，這一次身體逐漸虛弱，似乎不只是年紀大了。阿伯看盡天機，想著或許是自己氣數已盡，那麼就隨順自然，回歸元真吧！

不論家人怎麼勸說，他就是不肯就醫。直到住臺北的女兒回來，發現老爸整個瘦了一圈、縮了一號，說話不再中氣十足，硬是跨了一個縣市，把他押來我們醫院。

還好老先生跟醫師很投緣，一次關鍵性的門診，就讓他點頭願意住院，進行徹底的檢查。住院關不住老先生放浪不羈的自由靈魂，一直吵著要出去晃晃。但，來到柳營，人生地不熟，老先生再怎麼晃，還是被困在醫院裡。

我去病房探視時，他正和女兒喝著咖啡、天南地北聊著。

我欠身自我介紹，老先生端倪了我一番：「心理師，妳霸氣外露，要做這種安慰陪伴的工作，柔軟一點，成就會更大。」

哇，我才講沒三句話，就被老先生一眼看穿我不是走溫柔路線的心理師，果然是身心靈領域的老前輩。

護理師剛好推著護理車進來發藥，三讀五對之後，把口服藥倒在他手上，一邊盯著他有沒有把藥吃下去，一邊推著護理車往外走。

老先生右手捧著藥，咕嚕放進嘴裡，左手顫顫巍巍拿起桌上的馬克杯，正要喝下的前一秒，他抬頭問了：「吃藥可以配咖啡嗎？」

我、女兒、護理師，三個人異口同聲對著他大喊：「不！可！以！」

神算老先生只好乖乖把裝著最後一口拿鐵的杯子放回床旁桌，悻悻然地拿起水來配藥喝。

「阿伯啊，我這樣應該不是霸氣外露啦，你看我們三個女生都當機立斷保護你耶！」

老先生瞇著眼笑了起來，有點不好意思。

話鋒一轉，談起他想跟醫師請假，去很有名的新營太子宮參拜，也告訴我「中壇元帥」這個稱號代表的意涵，祂是駐守在各村莊五營兵將的主帥，所以總會放在廟宇神明列陣中的「C位」；我跟他說，來到新營，除了太子宮之外，如果是要求健康，求醫治，新營歷史最悠久的大廟「濟安宮」，就是拜保生大帝的。老先生跟我說，保生大帝其實有三位，分別是吳真人、孫真人、許真人。欸，我一直以為保生大帝就是北宋的大道公吳夲，原來還另有其人！

接著，他說起了自己是玄天上帝的弟子，我跟他介紹了新營的上帝爺廟「真武殿」，可是跟武當山往來密切的呢！我們聊地方民俗信仰聊得開心，女兒在一旁埋頭滑手機，沒空搭理，忽然大喊一聲：「好了！」

我嚇了一跳，我有說錯什麼嗎？為什麼要打斷我們？

女兒抬起頭來，眼睛閃著光芒，把手機畫面轉向我們：

「爸，我等一下去問醫師，你下午可不可以請假，我把路線規畫好了，如果可以出去，就包一臺計程車去新營遊覽一下！」

哇，我真心覺得，這才叫霸氣外露！就是這樣的影響力與行動力，讓自信與口才都一百分的老爸願意來就醫，這才是真正守護著老先生生命的保生大帝啊！

會談結束後，我上網搜尋「保生大帝」，確實是有三位真人，分別是北宋的大道公吳夲，唐朝的藥王孫思邈，還有晉朝的感天大帝許遜。

不過，真正在人世間行義的保生大帝，絕對不只三人，每個人都是你親愛家人的保生大帝也不一定！

這個吉光片羽的故事，來自於我同行好友的父親。因為這樣的情誼，我把故事改寫完之後，馬上告訴她，我寫了她與父親之間的故事，她也看到文章在網路上公開後，讀者們的反應，尤其對於「女兒」在應付頑固老爸這件事上，有很多的迴響與共鳴，連治癌醫師也在文章下方留言說：「真的有很多老人家是被女兒押來就醫的！」

我與她，因為這個故事的分享，開啟了「治療師視角」與「個案視角」之間的對話。同樣身為臨床心理師的她，饒富興味地說：「原來在治療師眼中，看到的個案是這樣！」

在我的工作中，每位在疾病與醫療中奮力活著的病人與家屬，都在閃閃發光，我參與在他們的故事之中，努力捕捉著愛的流動，以及在病痛中堅持下來的力量。

她說：「我自己身為個案，在這看不到盡頭的昏亂忙亂漩渦中，透過治療師的對話，看到父親的放鬆、笑容、在黑暗的通道中，看到了光，感受到力量。從個案的角度，看到治療師眼中的我們，原來這麼努力、這麼美好，不僅肯定了我身為家屬時的努力，也更感受到，原來我自己在身為治療師的時候，給予個案的回饋，可以產生這麼強而有力的支持，真的是很有力量的一道光！」

她告訴我的這些心情，著實給予我很大的溫暖與肯定，讓我能再次相信自己多年來在病房中的工作以及這些書寫，有其存在的價值。

身為專業助人者的我們，都很好奇，透過心理治療的對話，到底在對方身上發生了哪些變與不變？我們在腦子裡千迴百轉之後給的回應與分析，到底被個案聽懂了多少？而個案在會談當中記得的事情，到底與治療師想要給出的重點是否相符？

心理治療大師，同時也是精神科醫師的亞隆（Irvin D. Yalom），與一位本職為作家的個案金妮（Ginny Elkin），在每次的心理治療會談結束後，會各自針對這一節的會談，記錄下自己的心得與思路，讓金妮以寫作作為治療的費用，也讓身為治療師的亞隆與讀者，可以一窺個案走過心理治療的內心世界。

亞隆與金妮兩個人的各說各話，最後集結出版為《日漸親近：心理治療師與作家的交換筆記》一書。亞隆試圖以此驗證，當治療師與個案之間可以真誠地分享自己的觀點，換位思考，**站在不同的視角回看自己的處境與努力，雙方都可能在這當中得到新的省思、改變的動力，甚至是支持療癒的能量**。

對於個案來說，治療師的觀察與回饋，鬆動了他困在自身處境的狀態，「原來，在你眼中的我，是這樣子的」；而對於治療師來說，個案真實的心情，可以提醒我們跳脫過於自我中心的專業意見，同時，一旦知道發生在個案心裡頭的感動與改變，也能讓治療師們疲累的身心，獲得滋養與療癒。

這兩年，Threads在臺灣竄起，成為一個以文字陳述敘事文主流的平臺，加上與舊有其他社群媒體的演算法不同，我在Threads上會被暴露在大量有關心理治療、心理諮商的文章中，其中有不少是正在接受心理治療、心理諮商的民眾。在Threads這個既能公開交流，卻又能匿名自我保護的特殊平臺上，分享自己與心理師或精神科醫師的對話，以及諮商過程中的啟發、疑惑、是否該繼續諮商的內心糾葛等。那些在治療師面前說不出口的話，透過神奇的社群演算法，就像瓶中信一般，漂流到治療師的眼前。

身為臨床心理師，我透過個案們的坦誠內心話，幫助我更理解個案在心理治療對談中的感受，回頭省思自己在工作中的一言一行，可能會被對方如何解讀，哪些不經意的姿態或言語，有可能造成無形的傷害。但同時，也惋惜這些文章中刻劃的心情，沒能攤在會談室的對話當中，進行核對與梳理，因為這些在當下沒說出口卻餘波盪漾的心情，都是治療師們渴望得知，極為珍貴的心理治療材料。

難怪在這些Threads文下面，總有大量的留言說：「這些心情，建議你回到諮商當中，與你的心理師討論哦！」

交心時刻的思考練習

在閱讀這篇故事時，是否讓你想起了某個可以坦誠相對的朋友、家人，或是你的治療師、心靈導師？是否想起了某個與他的交心時刻？接著，邀請你練習換位思考的能力，透過其他人的眼光回頭來看自己。

試著回想一下，你與可以坦誠相對的那個人，曾經有過的「交心時刻」。當時你們在哪裡？發生了什麼事？你們對彼此說了什麼話？當下你有哪些思緒與感受？讓自己慢慢深呼吸三次，靜下心來，嘗試進入到對方的角度與思路，想一想：

✺ 如果現在這個人在你身邊，知道你在回顧那件事，他可能會補充些什麼？

✺ 他會說什麼？為什麼他會這麼說？

✺ 你覺得在他眼中，他認可、接納了你哪些部分，是符合他一直以來重視的價值觀與信念？

✺ 如果這個人知道你對他如此交心與放心，他對你的生命這麼有影響力，會有怎樣的反應？這對他來說，代表了怎樣的意義？

後記／

找找心理師

Q1

✸ **家人因為癌症住院治療，何時才會接觸到心理師呢？**

目前有參加國民健康署「癌症診療品質認證計畫」的醫院，基本上都會配置臨床心理師或諮商心理師，服務住院治療的癌症病人。但依據每個醫院的人力資源配置，以及成本考量，心理師不一定全職專任在癌症病房，可能是由其他科別的心理師兼任，每週提供一些時數，由癌症診療團隊發出照會後，再進行訪視。

我們總是希望讓「資源花在刀口上」，若是一視同仁地提供心理服務給所有的癌症病人，可能會稀釋心理師可以給予每位個案的時間與心力，反而變成行禮如儀的業務；那些有足夠支持，或內在韌力尚可適應困境的人，如果同樣挹注了專業心理資源，反而會讓他們懷疑自己是否太脆弱，無法獨立度過難關？也可能變得過於依賴專家的建議與引導，而捨棄在困境中求生轉化、蛻變成長的珍貴力量。

因此，病人在見到心理師之前，多半會有一個簡單的篩選機制，由醫師、臨床護理師、癌症個案管理師等第一線醫療人員，發現病人或家屬出現明顯的情緒困擾、難以接受病情變化而過早想放棄治療、對於醫療或病情有誤解而與醫療團隊產生衝突、病人與強勢家屬對於治療方向的意見不一等，各式各樣醫病溝通上的問題，就會發出照會給心理師，請心理師加入病人的醫療團隊，一起為病人在醫療上的最大利益共同努力。

所以，如果癌症住院期間沒有遇過心理師，或許是因為你與家人在醫療團隊的客觀評估上，整體的適應與因應能力還不錯。但醫護人員畢竟沒有讀心術，如果你與家人在癌症診療的過程中，其實是故作鎮定堅強，但實際上正經歷著巨大的心理痛苦，也非常鼓勵大家能主動向主治醫師詢問能否照會心理師，或是連結其他心理支持的資源。

Q2 ✺ 如果我們想尋求心理師協助，該怎麼做？心理師可以幫忙我們哪些事情？

基本上，只要癌症病人或家屬，在癌症治療期間，跟病人的主治醫師、癌症個案管理師，或是住院期間跟主責護理師詢問，主動提出：「我想找心理師談談。」醫療人員就會聯繫負責照顧癌症病人的心理師前來訪視。

更多時候，是醫師、護理師或其他的醫療人員，發現病人或家屬在面對癌症與治療時，有憂鬱或焦慮情緒、失眠、對於身體外觀變化的恐懼、與醫師在溝通上有誤解或爭執，或在還能好好治療的時候想放棄，或已經沒有治療空間卻還堅持積極抗癌，這類屬於「疾病適應」的議題，便會主動發出照會給心理師，讓心理師進入醫病關係之中，提供專業心理層面的協助。

如果專責癌症的心理師是配置在癌症中心、血液腫瘤科、緩和醫療中心等，與癌症治療密切相關的科別，在發出照會後，心理師通常可以比較快來訪視，通常也有比較多的時間與次數來到病床邊做心理照顧。

但如果專責癌症的心理師是配置在醫院的精神科、臨床心理中心、自殺防治中心等，與一般心理照護密切相關的科別，那麼心理師可能除了癌症病人之外，還要身兼其他心理業務，如此一來，能分配給癌症病人與家屬的時間，自然就會受到壓縮。通常一個大醫院裡，只會有一個（或半個）癌症心理師在照顧病人或家屬，可說是相當稀缺的珍貴資源，服務性質與目標上，也會與社區心理治療所或心理諮商所的心理師，相當不同。

心理治療所或心理諮商所的心理師，會以眼前的個案為中心，深入探索這個人的過去、現在、未來、人際關係、兒時創傷、原生家庭、內在小孩、認知歷程等，對個案現在困境的影響，透過對話或是其他表達性媒介（比方藝術、沙盤、心理劇、牌卡等），慢慢進行梳理、找到心的新方向。

而癌症照顧的心理師，屬於醫院醫療團隊的一員，主要任務是跟著醫療團隊一起，協助病人完成現階段的癌症治療目標：可能是給予完成治療的信心、教導正念或放鬆訓練，來因應生理不適、協調家人間的溝通、引導四道人生、探索病人生命的意義，以做出自主性的醫療決定。在與病情和臨終賽跑的時間壓力下，聚焦在現階段能完成的醫療目標，同時支持著病人、家屬以及醫療團隊。心理師夾在醫療團隊、病人與家屬之間，一方面顧及醫療上所評估的最佳建議；另一方面，也要尊重病人對於生命品質的期待與自主決定，同時得顧及家屬對於治療的想法，以及可用於後續照顧的資源。

當醫療團隊與病人或家屬兩方，有潛在的醫療糾紛或爭議時，也會讓心理師早早進入醫病溝通，了解病人或家屬在醫療上的訴求與感受，不要因為對醫療的誤解或負面情緒，而延誤治療的時機。心理師在醫療中，通常沒辦法「解決問題」，但或許可以釐清與疏通問題，找到當下的最佳解法，讓病人、家屬、醫療團隊各司其職，完成這場與癌症比拚競賽的馬拉松。

Q3 ✳ 如果有家人生性木訥且嚴肅，不善說出心裡話，也不願意和心理師說話，該怎麼辦？

舉例來說，如果是個性木訥、務實的中老年男性，在健康、有體力、口語能力無礙的時候，就已經不善於表達自己的想法與情感，那麼在生病之後，因體力衰退、身體不適的狀況下，自然會更難妥善表達自己的心情。

家人如果擔心會發生溝通上的困難，可以透過主治醫師的照會，在住院期間，讓心理師前往訪視。在天時、地利、人和俱足的狀況下，有些人的確可以比較安心、放鬆去對陌生人說出想法或感受，加上心理師在專業訓練下，比一般人更能耐心包容傾聽，也不會輕易給予自以為是的建議，只要病人願意講、有能力講，都能達成情緒的疏通、人生意義的再建構。

很多時候，家屬陪伴時愛莫能助的無助心情，以及即將失去對方的死亡焦慮，都遠大過於病人想要「談心」的需求。因此家屬會說：「找人來開導，他好一點，我就會好一點」「我不需要，我很好，有需要的是他，他需要一個出口」。實際上，這個階段的病人，或許更希望的是解決實質上的問題。例如，經濟、照顧人力、疼痛等。當基本的生理與照顧需求被滿足了，心理上的憂慮、轉化與家人間的四道人生，才有機會被好好談出來。

✻ Q4 家人在醫院的安寧病房過世一段時間後，想找到當時服務的心理師談談生活上的困擾，該怎麼做？

在癌症診療或者安寧療護服務的心理師，提供的心理服務，多半僅限於針對癌症的病情適應、醫療決策，或是因應病人臨終或死亡產生的哀傷適應困難。如果想要「再續前緣」，卻沒有留下心理師的名片或聯絡資訊，那麼透過安寧病房或癌症中心的癌症個案管理師等，與在癌症診療期間有持續聯繫的醫療人員，大多都能循線找到心理師。

如果你本身有身心科相關的問題，或在職場上、生活上、育兒上等，不是當初在醫院因癌症治療或安寧服務所產生的問題，專責癌症服務的心理師，在與你討論之後，會將你轉介給其他適合現況的心理資源，例如，醫院體系內身心科的心理治療，或社區的自費心理治療所等，讓每位心理師各司其職，守護大家在不同階段與議題上的心理困境。

Q5 ✹每天面對生離死別，心理師的心理素質一定很強大，又是如何擺脫「共情」對現實生活中的影響？

在這幾年，常常有人問我：「你面對那麼多痛苦的人生故事，自己不會陷進去嗎？」

臨床心理師、諮商心理師、社工師等，必須進入對方人生的助人工作者，在養成的過程中，不僅培養了助人的方法與素養，更重要的是，也建立了十分緊密的同儕支持、與師長的督導體系、持續接受諮商或治療，把所學所用的助人方法實踐在生活中；還有異常嚴謹的專業倫理規範與界限，不僅保障服務對象的權益與安全，更是保護助人工作者在工作中不至於耗盡。

透過這些多元方式，讓心理師培養出強大的後盾與內在能量，支持他們的身心健康與人際安全感，才能繼續成為服務對象的支持者或引導者，絕非坊間自稱「身心靈老師」一類人可以理解、願意付出的個人投資。

在實踐、挫敗、受傷、成長的循環中，心理師除了持續進修、尋求同儕支持、接受諮商與督導之外，也會透過不同的方式找到抒發管道。例如，寫作就是我整理思緒與心情的重要管道。透過書寫，把會談歷程重整過一遍，在梳理的當中會冒出許多「新發現」，許多在會談當下沒有覺察也尚待處理的可能性，會成為我下一次訪視的待辦事項；而將多個案例故事加以整合、改編之後，曝光到平臺上與更多人對話，擴散心理照顧與善終準備的意識，並且了解自己的所做、所思，在其他人的檢視下，會被如何解讀；如果個案的實際發展不如預期，甚至造成我在臨床執業上的挫敗感，我也會透過故事劇情的改寫，用「後見之明」的聰慧眼光，來修補心中的缺憾。未來如果遇到類似的臨床處境，便能更自然地以新的、成功的劇本去演出。

透過書寫，在角色中進進出出，讓我能與病人家庭中波濤洶湧的情感拉開距離，讓出更多空間，涵納這些悲傷心情，同時為自己充能。至於下班之後，就饒了我吧！

Q6 ✹遇到拒絕訪視、掛電話的病人或家屬，心理師會繼續追蹤嗎？

一般來說，心理師在與醫療團隊共同協助癌症病人或末期病人時，主要的工作目標仍會聚焦於醫療問題。因此，如果病人或家屬心理上尚未準備好接受心理師的會談，或者認為沒有必要，便會盡可能在當場進行評估，並將評估重點放在病人拒絕會談，是否會與接下來的醫療目標產生衝突或影響。

如果當下病人的拒絕或掛電話的行為，不會影響其醫療處置，且沒有自傷或傷人的急切危險，心理師通常不會堅持持續追蹤。若持續施壓，可能會讓病人或家屬感到反感，導致更大的心理抗拒與壓力，未必是好事。

當病人離開醫院、回歸社區後，如果出現自傷或傷人的風險，便會轉介至社會安全網，如社會局的自殺關懷系統等相關機構。對於醫院中的心理師來說，會將更多的資源和重點放在正在院內接受診療的病人，形成一種分階段、分工的協助模式。

Q7

✷ 我正就讀臨床心理學研究所，如果未來想從事相關工作，該做哪些準備呢？

臺灣臨床心理學會、臺灣心理腫瘤醫學學會，以及臺灣安寧照顧協會等機構，提供許多與癌症照護或安寧末期照護相關的課程。如果在學校課程中沒有相關的安排，可以先從這些學術機構提供的繼續教育課程，進行自主進修。此外，現在有許多醫院的癌症中心或安寧病房，也會招募臨床心理的全職實習學生。

在主修臨床心理的研究所，到了碩士三年級，要進行全職實習時，可以搜尋相關的實習機構並提出申請，便能實際參與癌症與安寧照護的臨床領域，不僅可學習到實務技能，還能深入了解醫療團隊內部的跨領域合作運作方式。全職實習提供了非常務實、貼近臨床需求的學習機會，讓實習生能更完善地準備未來的專業工作。

對於有志於癌症及安寧照護領域發展的心理師而言，除了學校教育外，積極參加學術機構的課程與全職實習，是另一個替自己做好準備的管道。

致謝

在臨床心理師執照換到了第三張（在臺灣，醫事人員每執業六年要更新一次執照）之際，我似乎也出現了中年危機，覺得臨床心理師的專業旅程走得夠久了吧，好想去別的地方闖蕩闖蕩。

於是，我陸續去考了勞動部的烘焙丙檢、保母人員，還取得民間機構的嬰幼兒手語國際師資、居家整聊師的認證。這些看似與心理學無關的斜槓發展，實則不斷回應我當時面臨到的臨床工作難題，讓我整合了自己擅長的「敘事治療」，給自己「心之整理術師」的稱號，也促使我把腦子裡在回顧與創新之間衝撞的掙扎與反思，書寫、整理、記錄下來。

就在此時，二〇二三年底的臺灣大選前後，Threads成了臺灣人尋找同溫層的新領地，我也在這個純文字的平臺上，將這二十年來在臨終與癌症心理照顧中，那些刻劃在我心裡、把我養成現在這個樣子的生命導師故事，稍作整合整理之後，分享在Threads上。

是新媒體紅利也好、純文字的魔力也罷，我在不到半年的時間，達到一萬人的追蹤，並且有不少追蹤者，流著淚與我分享他們自己的遺憾、故事、感觸以及新的行動，我也在與追蹤者的互動應答中，認出自己的盲點，在困頓到想要轉職的窒息感中，找到了新鮮的氧氣。

感謝「精神科觀察日記」威廉的牽線，讓我在幾個頗具慧眼的出版社當中，選擇與悅知結為連理（？）。在這八個月的書寫整理中，就好似我這二十年臨床工作經驗的生命回顧，以緩慢的跑馬燈之姿，把值得一說再說的故事給好好說完，漸漸長出了意義與影響力。

感謝我的恩師曹朝榮教授，帶領我進入安寧照顧的領域，並且在我每一次要墜落的時候，溫柔地把我撈起來；還有看著我長大，總是笑咪咪給予我無比信任的謝玉娟社工師、黃文聰醫師、林正耀醫師，以及柳營奇美醫院上上下下的同仁夥伴對我的提醒、包容與信賴，讓我可以在一個安全堡壘中，創造出一大堆突發奇想、有笑有淚的臨床實踐。

而在專業長成中，楊建銘教授、李佩怡教授、蔡佩真教授、張嘉芳執行長，在這些年來給予我的支持與滋養，更是不在話下，在他們的面前，我隨時都可以當個撒嬌耍賴的孩子。

這本書的完成，還包含著我的家人默默無私地付出，爸爸、媽媽、姊姊、老公、兒子，謝謝你們讓我可以無後顧之憂地寫作。最要感謝的，是這二十多年來，以自身生命示現在我面前的上千位病人以及家屬，是你們願意與我分享生命的苦與甘、犧牲與收穫、困窘與突破，這是我們共同完成的作品！

謹以這本書，獻給所有面對挑戰、與生命難關奮戰的鬥士！

如果不在了，你想留下什麼？

關於愛與信念，以及給至愛之人最無價的生命禮物

作　　者　林維君 Ally Lin

責任編輯　楊玲宜 ErinYang
責任行銷　朱韻淑 Vina Ju
封面裝幀　高郁雯 Allia Kao
版面構成　譚思敏 Emma Tan
校　　對　杜芳琪 Sana Tu

發 行 人　林隆奮 Frank Lin
社　　長　蘇國林 Green Su

總 編 輯　葉怡慧 Carol Yeh
主　　編　鄭世佳 Josephine Cheng
行銷經理　朱韻淑 Vina Ju
業務處長　吳宗庭 Tim Wu
業務專員　鍾依娟 Irina Chung
業務秘書　陳曉琪 Angel Chen
　　　　　莊皓雯 Gia Chuang

發行公司　悅知文化　精誠資訊股份有限公司
地　　址　105臺北市松山區復興北路99號12樓
專　　線　(02) 2719-8811
傳　　真　(02) 2719-7980
網　　址　http : //www.delightpress.com.tw
客服信箱　cs@delightpress.com.tw
ＩＳＢＮ　978-626-7537-70-1
建議售價　新臺幣４５０元
首版一刷　２０２５年03月

國家圖書館出版品預行編目資料

如果不在了,你想留下什麼?：關於愛與信念,以及給至愛之人最無價的生命禮物／林維君著. -- 初版. -- 臺北市：悅知文化 精誠資訊股份有限公司,2025.03
面；公分
ISBN 978-626-7537-70-1 (平裝)
1.CST: 死亡 2.CST: 生死觀 3.CST: 生命哲學
197　　114000514

建議分類｜心理勵志

悅知文化
Delight Press

線上讀者問卷 TAKE OUR ONLINE READER SURVEY

與死神的賽跑中，如果多一點時間超前部署，能創造更多的不同！

——————《如果不在了，你想留下什麼？》

請拿出手機掃描以下QRcode或輸入以下網址，即可連結讀者問卷。
關於這本書的任何閱讀心得或建議，歡迎與我們分享 :)

https://bit.ly/3ioQ55B